100件文物讲述中华文明史

【上册】

佟洵　王云松◎主编

四川人民出版社

图书在版编目(CIP)数据

国家宝藏：100件文物讲述中华文明史：全二册 / 佟洵，王云松主编. — 成都：四川人民出版社，2019.5（2023.9重印）

ISBN 978-7-220-11327-7

Ⅰ. ①国… Ⅱ. ①佟… ②王… Ⅲ. ①历史文物－中国－通俗读物 Ⅳ. ①K87-49

中国版本图书馆CIP数据核字（2019）第058636号

国家宝藏

100件文物讲述中华文明史（全二册）

佟洵　王云松◎主编

责任编辑	章　涛　邹　近
特约编辑	王玉敏　樊文龙
装帧设计	罗　雷
美术编辑	刘晓东
责任校对	蓝　海
责任印制	李　剑

出版发行	四川人民出版社（成都市三色路238号）
网　　址	http://www.scpph.com
E-mail	scrmcbs@sina.com
新浪微博	@四川人民出版社
微信公众号	四川人民出版社
发行部业务电话	（028）86361653 86361656
防盗版举报电话	（028）86361653
照　　排	日知图书
印　　刷	艺堂印刷（天津）有限公司
成品尺寸	170mm × 240mm
印　　张	30
字　　数	375千字
版　　次	2019年5月第1版
印　　次	2023年9月第4次印刷
书　　号	ISBN 978-7-220-11327-7
定　　价	158.00元

序言

中华文明经历了五千多年的历史变迁，但始终一脉相承，积淀着中华民族最深层的精神追求，代表着中华民族独特的精神标识，为中华民族生生不息、发展壮大提供了丰富滋养。文物，是中华文明发展程度的重要标志，承载着灿烂的古代文明，传承着优秀的历史文化，讲述着中华民族在历史进程中创造的辉煌，维系着自强不息、厚德载物、天人合一的民族精神。

党的十八大以来，习近平总书记对文物的保护等工作做出了一系列重要指示，深刻揭示了中国文物与中华文明之间的关系。习近平总书记说："搞历史博物展览，为的是见证历史、以史鉴今、启迪后人。"

文物，尤其是国宝级文物，是不可再生的历史文化资源，是中华文明永不磨灭的"金色名片"。深藏在各大博物馆中的国宝级文物，犹如"养在深闺人未识"的少女，对于大多数人来说，很难睹其风采，赏其神韵，更谈不上了解其所承载的历史、文化、智慧和精神。所以，习近平总书记强调："让文物说话、把历史智慧告诉人们，激发我们的民族自豪感和自信心，坚定全体人民振兴中华、实现中国梦的信心和决心。"

"让文物说话"，简单的一句话产生了强烈的反响。各大博物馆陆续策划出形式多样、风格各异的展览，一大批国宝文物走出库房，和普通大众亲切见面。电视、网络媒体也陆续推出《如果文物会说话》《国家宝藏》等节目，以新颖的形式，将历史和现实结合起来，掀起了一股欣赏国宝、品味文明的热潮。感悟国宝，离不开中华文明；讲述中华文明，离不开解读国宝。

在人类漫长的历史发展过程中，每个民族、每个国家都在创造着自己的文明。文明作为人类智慧的结晶，扎根在本国、本民族的土壤之中，形成了自己的本色、长处和特性。中华文明也不例外。

中华文明的起点从中国大地上有人类活动的那个时间开始。从最早的元谋人，到郧县人、蓝田人、北京人、山顶洞人……随着越来越多的古人类遗址被发现，文明之光如同繁星，光辉璀璨，那些看似不起眼的头盖骨化石、打磨石器、陶罐，无声地诉说着中华大地上数十万年前乃至上百万年前的往事。

进入新石器时代，中华文明的曙光早已普照在东方大地，仰韶文化、河姆渡文化、半坡文化、红山文化、良渚文化、大汶口文化、龙山文化等如雨后春笋般地茁壮成长，遍布大江南北，黄河、长江成为孕育中华文明的母亲河。那一件件出土文物，无论是石器、陶器，还是玉器、青铜器，都以其独特的造型和用途，以及其所蕴含的文化精髓，向人们揭示着中华文明演进的历程。

镶嵌绿松石兽面纹铜牌饰、后母戊鼎、妇好鸮尊、青铜神树、四羊方尊、天亡簋、毛公鼎……一件件被世人追捧的青铜重器，将中华文明带到了青铜时代。青铜文化是中华文明的重要组成部分，每一次考古发掘都会带来让世人惊艳的丰硕成果，大量文物的出土，不断地丰富着人们对中华文明的认知，丰富着中华文明的每一个片段。

秦始皇兵马俑横空出世，睡虎地秦简揭开了秦代律法的神秘面纱，满城汉墓、马王堆汉墓、广州南越王墓、雷台汉墓……让人们清楚地看到了横扫中华大地的秦汉大一统狂飙。三国两晋南北朝的对峙和分裂背后，隐藏的却是第一次民族大融合的壮阔波澜，朱然墓的发掘、邓县画像砖的出土、高洋墓的壁画、李贤墓的鎏金银壶以及王羲之、顾恺之的传世名作，让人们对于魏晋南北朝时期的认识更为直观，尤其是这一时期对于中华文明的继承和发展更是成绩显著，为大唐盛世的到来奠定了基础。

李静训墓的珍宝、虞弘墓的异域风情让人们领略了隋代虽然短暂却灿烂的文明之光。大唐的雄风和文明的进程则被《步辇图》、唐三彩、何家村窖藏、法门寺珍宝等表现得淋漓尽致。即便是五代短短的半个世纪，也有让人惊艳的《韩熙载夜宴图》。而两宋、辽、金、西夏、大理这一系列朝代和地方政权，虽然南北东西分裂对峙，却掩盖不住这一历史时期光辉璀璨的文明成果和文化成就。宋代五大名窑的瓷器、异彩纷呈的绘画和书法艺术、辽金的民族文物、西夏文的典籍、大理的阿嵯耶观音像，无不向人们诉说着中华文明多元融合的特色。

元、明、清的大一统，一方面奠定了现代中国的大格局，另一方面则进一步促进着大一统进程中中华文明的发展。大量的传世文物、国家宝藏，承载着这一时期最具代表性的文明特征。元青花和明清两代色彩缤纷的彩瓷，无不在告诉人们中国瓷器在不经意间改变着世界其他民族的生活；大量的书画作品和流派向人们诉说着元明清的艺术传奇；一件件瑰丽的文物、一幅幅多彩的画卷、一卷卷精美的图书……让人们与博大精深的中华文明有了最亲密的接触。

五千年不断裂的文明史正是因为这样的成长而使中华民族屹立于世界民族之林，这样的文明奇迹在全世界来说也是罕见的。

中华文明在发展传承的过程中形成了自己鲜明的特质。中华文明的第一个特性就是“和”，和谐，和平。中华民族热爱和平，深知和平对文明的保障作用，也深知战争对文明的破坏作用。和谐是和平之上的一种更高、更美的境界，包括人与自然的和谐、人与人的和谐，以及个体的人自身的和谐。中华文明本质上是一种“和”的文明。

中华文明的第二个特性是包容。越来越多的考古资料证明，中华文明的组成，既包括较早定居于黄河、长江流域的以农耕为主要生活来源的华夏文明，也包括若干以游牧为主要生活来源的草原文明等。中华文明的演进过程，是多种文明因素的整合。整合的模式是以华夏文明为核心，核心向周围扩散，周围向核心趋同，核心与周围互相补充、互相吸收、互相融合。56个民族共同缔造了中华民族的文明。

中华文明的第三个特点是开放，不故步自封。中国的汉唐盛世，都是开放的朝代，中外文化的交流十分活跃。汉代通西域，带来了中亚和西亚的文化。两汉之际，佛教传入中国，在思想观念、生活习俗和文学艺术等许多方面，对中国固有文化产生了深远的影响。至于唐代，对外文化交流更加频繁。丝绸之路的继续延伸，形成双向交融的文化格局，唐代文化既得以向外广泛传播，同时也从海外得到很大的补充。当时的长安、洛阳、扬州、广州等大都市，都是中外文化交流的所在。到了明代，一个具有标志性的对外交流活动，就是郑和下西洋，其足迹远达东南亚、南亚、西亚、东非，密切了中国与一些国家的外交关系，成为中华文明对外开放的壮举。

正是因为中华文明有如此特质，中国的传世文物又承载着不朽而光辉的中华文明，“让文物说话”成为时代潮流。在这样的时代背景下，我们编辑出版了《国家宝藏：100件文物讲述中华文明史》。

本套图书以中国各大博物院馆的馆藏国宝为对象，以中华文明发展的历史脉络为依据，讲述国宝本身的故事，揭示文物所承载的文化内涵，感悟中华文明的无穷魅力。对于大多数人来说，这些国宝分藏在不同的博物院馆，很难一件一件地去参观，而本书则将分散的国宝聚拢在一起，足不出户，便能领略国宝的魅力，真真切切地感受到中华文明的博大精深。

我们真诚地希望，通过《国家宝藏：100件文物讲述中华文明史》，能讲好真实的中国故事，传播中国的声音，揭示中国精神，展现中国风貌！

目录（上册）

第四章 争霸与争鸣的时代潮流

第五章 秦汉大一统的历史狂飙

第一章

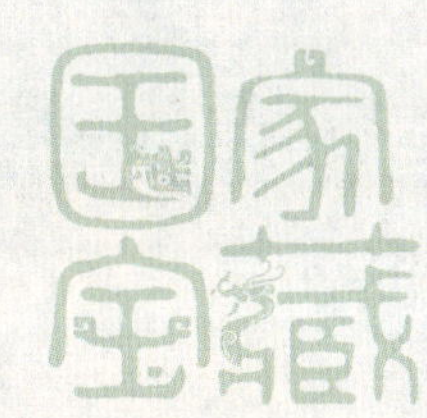

中华大地上的古人类

毛泽东在《贺新郎·读史》一词中写道："人猿相揖别。只几个石头磨过，小儿时节。"翻开中国历史教科书，元谋人赫然占据着中国历史的第一章。随着社会的进步，随着文明的进步，人们对于自身的起源、对于文明的源头开始认真审视。文明的发展和人类的进化相依相伴，中华文明的萌芽要从中华大地上最古老的人类说起。考古发掘出土的中华大地上的人类化石和器物已经证明，中华文明的萌芽早已体现在这些不起眼的文物之中。从元谋人开始，郧县人、蓝田人、北京人、马坝人、山顶洞人……这些遍布中华大地的古人类遗址中，文明的痕迹虽然寥若晨星，但是却昭示着其未来的进程。那些打磨的石器、细腻的石刀、尸体上的铁矿粉、粗糙的陶罐……无不是中华文明起源的最好物证。

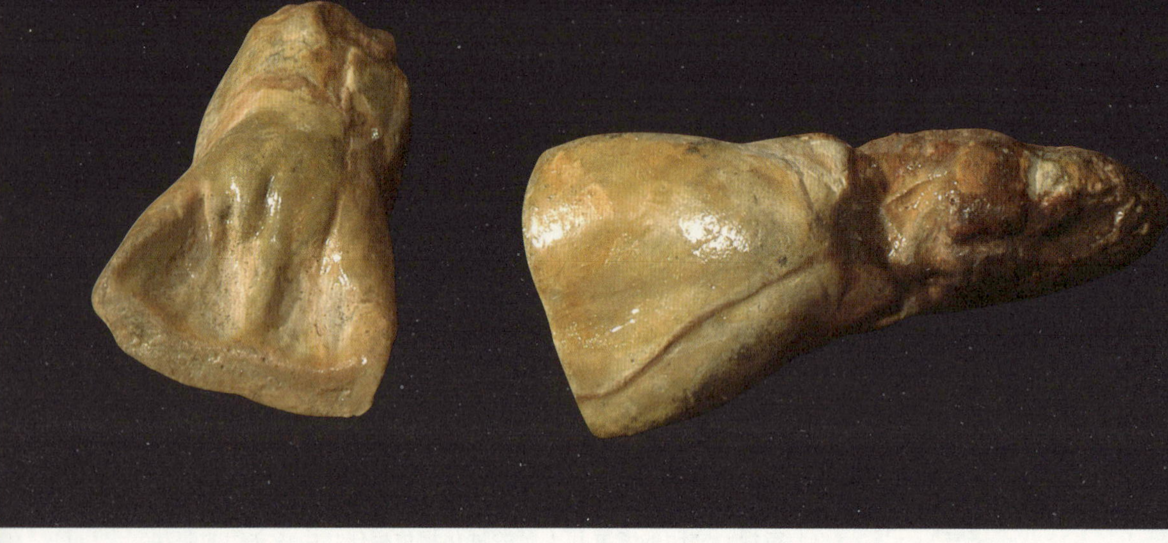

001 云贵高原上的古人类

元谋人牙齿化石

国家宝藏

年　代：距今约 170 万年

尺　寸：左侧门齿长 11.4 毫米，宽 8.1 毫米，高 11.2 毫米

右侧门齿长 11.5 毫米，宽 8.6 毫米，高 11.1 毫米

材　质：化石

出土地：1965 年云南省元谋县上那蚌村出土

收藏地：中国地质博物馆

【引言】当我们打开初中历史教科书，看到对中国历史的讲述，首先映入眼

帘的是关于中国人起源的探索。人猿相揖别，经过了漫长的岁月，中华大地上终于有了人类的出现，而教科书告诉我们的是，全国发现的近 70 处古人类化石遗址，其中最早的可能是生活在距今约 170 万年的元谋人。

人猿相揖别

元谋县地处云南北部，距昆明110千米。元谋盆地为南北向的断陷盆地，长约30千米，平均宽约7千米，是滇中高原海拔最低的盆地之一，平均海拔仅1050～1150米。金沙江的一级支流龙川江自南向北流过这里。元谋盆地特殊的地质构造，造就了这里的传奇，很早就吸引了国内外学者的关注。

1965年初，为配合四川攀枝花地区和成昆铁路的建设，中国地质科学院派遣赵国光、钱方、浦庆余等学者对中国西南地区的新构造运动进行研究，选择了元谋盆地作为研究重点。4月初，学者们在上那蚌村附近开始工作，发现了不少化石和地质现象。5月1日，钱方等人前往上那蚌村西北寻找化石，该地长期受雨水冲刷，细沙黏土多被冲走，很容易挖出化石。下午5时左右，钱方发现了两颗疑似人牙的化石，相距十几厘米。一颗齿冠露出地表，牙根在土中；另一颗则全在土中。同时出土的还有云南马牙化石、啮齿类动物的下颌骨以及其他化石碎片。第二天，这些学者来到该地继续发掘，试图寻找其他的古人猿的化石材料，但没有收获。9月，学者们结束野外考察后，将牙齿化石带回北京，请相关专家鉴定。著名的古生物学与古人类学家胡承志先生鉴定，认为这两颗化石的形态和北京人同类牙齿化石基本相似，属于直立人类型，故此将其定名为“直立人·元谋新亚种”。其特征如下：齿冠粗壮，轮廓呈三角扇形，向切缘两端扩展，除基部较凹外，唇侧大部扁平，唇侧沟和浅凹发育，舌侧齿冠基部底结节和指状突发育，舌侧表面呈明显的铲形，被中嵴分为明显的两半，在舌侧齿窝中，有较多的釉质褶皱发育，齿根颈部横切面几乎呈椭圆形，齿根的唇舌径方向较薄。

事实上，在元谋发现人类化石绝非偶然。考古发掘足以证明这里是“人猿相揖别”的一个关键区域。在元谋及其邻县禄丰已经发现了比元谋人更为古老、在体质上与人类有较多相似性的古猿化石。1975年，科考工作者在禄丰先后进行了10次发掘，出土的大量化石证明禄丰古猿生活在800万年以前，属于人猿超科——远古人类和猿类的共同祖先。更为重要的是，在元谋还发现了距今450万—520万年的蝴蝶梁子古猿化石和距今390万—430万年的竹棚古猿化石，这足以证明在元谋从猿到人是一个连续进化的过程。

元谋人牙齿化石的发现引起了学术界的高度重视，围绕牙齿化石的出土地点，诸多专家进行了发掘和多学科研究。1973年10月至12月，中国科学院古脊椎动物和古人类研究所采用考古学方法，对元谋人化石所在的小山丘进行了大规模的系统发掘。这次发掘绘制了该地详细的地层剖面图，并在附近地层发现了人工打制的石器和炭屑、哺乳动物化石、软体动物化石和孢粉化石等，但没有发现新的人类化石。这次发掘确定了元谋人化石所处地层的沉积性质，根据地层沉积物情况和伴生动物的化石，专家们主张元谋人的年代位于早更新世。1973年到1974年，钱方等人再次去元谋盆地考察，并采集了元谋组古地磁标本。1976年7月25日，用古地磁方法测定其绝对地质年代为距今约170万年。

元谋人的历史地位

考古研究表明，人类起源和发展的脉络是：人和现代类人猿的共同祖先是埃及猿，由此分两支演进：一支经森林古猿逐步演化到现代类人猿，另一支经过腊玛古猿—南方古猿（纤细种）到直立人。南方古猿（纤细种）已会制作工具了。

中国是发现早期人类化石的重要地区之一。在湖北建始、巴东发现过南方古猿的牙齿。研究者将元谋人的牙齿形态与类人猿、巨猿、南方古猿、北京人、智人的牙齿做了比较、研究，认为元谋人牙齿与北京人牙齿相比，差异更大。元谋人生存时代远比北京人为早，形态上与北京人的不同地方，反映了他们可能具有从纤细型南方古猿向直立人过渡的特点。这一性质说明，元谋人为早期的直立人代表，又反映出南方古猿的某些性状，说明元谋人在人类社会开创时期，从南方古猿向直立人过渡阶段上的重要意义。

元谋人遗址出土的文化遗物虽少，其意义也不可低估。我们从石器和用火两方面来看：元谋人的石器，具有代表性的三件刮削器，虽然比较粗糙简单，但均进行过第二步加工，它已不是“第一把石刀”，它是目前中国发现的与人类化石伴生的最早的石器，说明了远在170万年前，元谋人已使用石制工具从事生产劳动了。元谋人的遗址中，有与人类化石、石器、动物化石等伴生的炭屑和烧骨；山西芮城西侯度的文化层中，有经火烧过的呈灰黑和灰绿色的哺乳动物筋骨、鹿角及马下颊齿；陕西蓝田公王岭人类化石的堆积中，也有炭屑存在。这些材料虽较少，但为探索人类对火的使用这一问题提供了极为重要的线索。值得注意的是，上述这些火的遗迹，常常是与人类化石、动物化石或石器共存，反映出使用火与人的活动有着密切的关系。

几十年的研究认为，元谋人是中国境内目前发现的最早的人类化石，后来经过多方努力，仍未在此取得突破，仅发现了门齿和胫骨，这些材料对于认识元谋人的整体特征还是不够的。因此，我们还是寄希望于在这一地区能够发现更好的人类化石材料，为元谋人的研究注入新的活力。

002 长江中下游地区的古人类

国家宝藏

郧县人头骨化石

年　代：距今约 100 万年

尺　寸：长 26 厘米，宽 19 厘米，高 12 厘米

材　质：化石

出土地：1989 年湖北省郧县青曲镇曲远河口的学堂梁子出土

收藏地：湖北省博物馆

【引言】每当我们来到湖北省博物馆参观时，走进“郧县人”展厅，首先

看见的是两个人头骨化石。这两件人头骨化石就是发现于郧县曲远河口学堂梁子的著名的“郧县人”。该展厅以郧县人的发现为线索，介绍了长江中游地区古代人类化石的发现情况。郧县人头骨化石的发现填补了长江中游地区古代人类发展演化资料的空白，具有十分重要的学术意义。

头骨化石发现之旅

1975年，中科院的工作人员在湖北郧县梅铺龙骨洞遗址发现四颗猿人牙齿，为上内侧门齿、下外侧门齿、上第二前臼齿和上第一臼齿，另外还发现了具有人工打制痕迹的石核。此次发现拉开了郧县古人类化石发现的序幕。这也为日后该地区的重大发现奠定了基础。1989年，在湖北省郧阳地区组织的第二次文化普查工作中，当地的文物工作者根据村民提供的线索，了解到郧县青曲镇弥陀寺村在平整土地时发现很多化石，当地村民称为土龙骨。文物工作者到达当地后，和村民举行座谈，村民反映学堂梁子在当年平整土地时发现的化石比较多。于是文物工作者就在一位村民的带领下，来到学堂梁子进行实地调查，其中一个叫王正华的人首先在穿过耕地东西的小路中部北边地界发现了一些钙质和土胶结合在一起的石块，同时又发现了四块动物肢骨化石。于是他就蹲下来继续寻找，并开始用手铲往下清理，随即叫来耕地的主人曹钰用锄头向下清理，在清理到30厘米时，发现了一枚化石，拿起仔细一看，其表面露出星星点点的牙齿珐琅质，王正华随即判定这是一枚古人类的头盖骨化石。兴奋的王正华赶紧叫来随行的另外几位队员，分享喜悦之情。过了几天，王正华又和另外一位同志来到曲远河口调查，在发现化石的地点又发现新的钙质结合碎块，清理修复后发现是左侧枕骨和部分顶骨（修复后化石模型即题图展示）。

1990年5月，经国家文物局批准，由湖北省文物考古研究所联合地、市考古单位对学堂梁子进行第一次试掘。此次发掘共布设4个探方，由南向北依次为T646、T745、T845、T945。在随后的发掘中，考古队员李文森在清理T745的西壁时，发现了一个圆圆的结核块。他将这一发现立即报告给考古队负责人李天元，根据大小来看，认为很有可能是头骨。为了谨慎行事，李天元让民工先去清理其他探方，自己一人留在这里仔细地清理这块结核块。时间不知不觉过去，临近中午，化石终于比较清楚了，暴露出了枕骨部分，并可以看到枕骨圆枕，这是一件人的头骨化石无疑。根据暴露的情况来看，头骨颅顶朝上，底朝下，枕面朝东，面部向西。担心牙齿受损，李天元小心翼翼地把头骨从探方壁取下来，功夫不负有心人，这件头骨的牙齿完好无损地保留在齿槽内。他又花了一阵子把牙齿轻轻地剔除出来。总共发现6颗牙齿：1颗外侧门齿，2颗前臼齿，3颗臼齿。中间被坚硬的结核物覆盖，内侧门齿情况不明，犬齿脱落，牙齿保存基本完好。这件头骨化石的左侧第三臼齿为钉型齿。这是一种畸形齿，是臼齿退化的反映，是人类特有的一种情况。从已有的特征来看，这是一件远古人类化石。发掘者将其编号为EV9002。

对化石的深入研究

这两件头骨化石在发现之后，该如何研究、怎么研究？这是摆在考古工作者面前的首要问题。第一件头骨化石因为种种原因，研究未能开展。现在又发现了一件化石标本，对其进行研究是当务之急。于是湖北省方面专门从北京聘请专家对化石标本进行观察和翻模，以方便日后研究。1991年，李天元在《中国文物报》上首次公开报道了1990年郧县发现的第二件头骨化石，文中指出该化石眉脊粗壮，前额低平呈坡状向后倾斜，枕骨圆枕发育明显，颅顶低矮，认为属于直立人，并提出了“郧县人”的命名，同时也认为1989年发现的头骨化石也是直立人类型。

鉴于这两件人头骨化石的重要性，第一件头骨化石被评为“七五”期间“全国十大考古发现”之一；1990年发现的第二件头骨化石被评为1990年度“全国十大考古发现”之一。从此以后，郧县人头骨化石走向世界，受到国际学术界的广泛关注。

遗址中发现的石制品原料为砾石，以直接打击法为主要的打片和加工方法，也有砸击法。石器以砾石器为主，石片石器少见。石器类型则以砍砸器为主，加工方法为单面加工，少数为双面加工。与人类共存的动物化石有28种，有第三纪的残留种如剑齿虎等；第四纪早期的典型种如桑式鬣狗、大熊猫武陵山亚种、云南马、小猪、秀丽黑鹿、短角丽牛等。动物群的性质和蓝田公王岭动物群相似，时代为早更新世晚期。

发现的价值及意义

郧县人属于直立人类型，其许多形态特征与国内及亚洲的人类化石是一致的，是人类在演化过程中重要的一个环节。当然这一研究结果，也受到一些同行的异议，有的研究者认为郧县人更为古老，属于猿人，但是李天元先生通过细致的对比研究，最终还是证明郧县人属于直立人。他的研究成果也在世界著名的《科学》杂志上进行了发表。

郧县人头骨发现后，多个国家的学者对此表示出极大的兴趣，先后有美、法等国学者与中国学者进行合作，研究郧县人头骨化石。这也为郧县人得到世界的认可提供了很好的机会。郧县人也曾被美国《发现》杂志评为1992年世界50项重大科技成果之一；1999年，郧县人化石入选法国举办的全世界“直立人重大发现”展览，可见郧县人在国际学术界的重要影响。

总之，郧县人化石的发现丰富了中国直立人的资料，为探讨长江中游地区以及东亚早期人类的起源提供了重要资料。

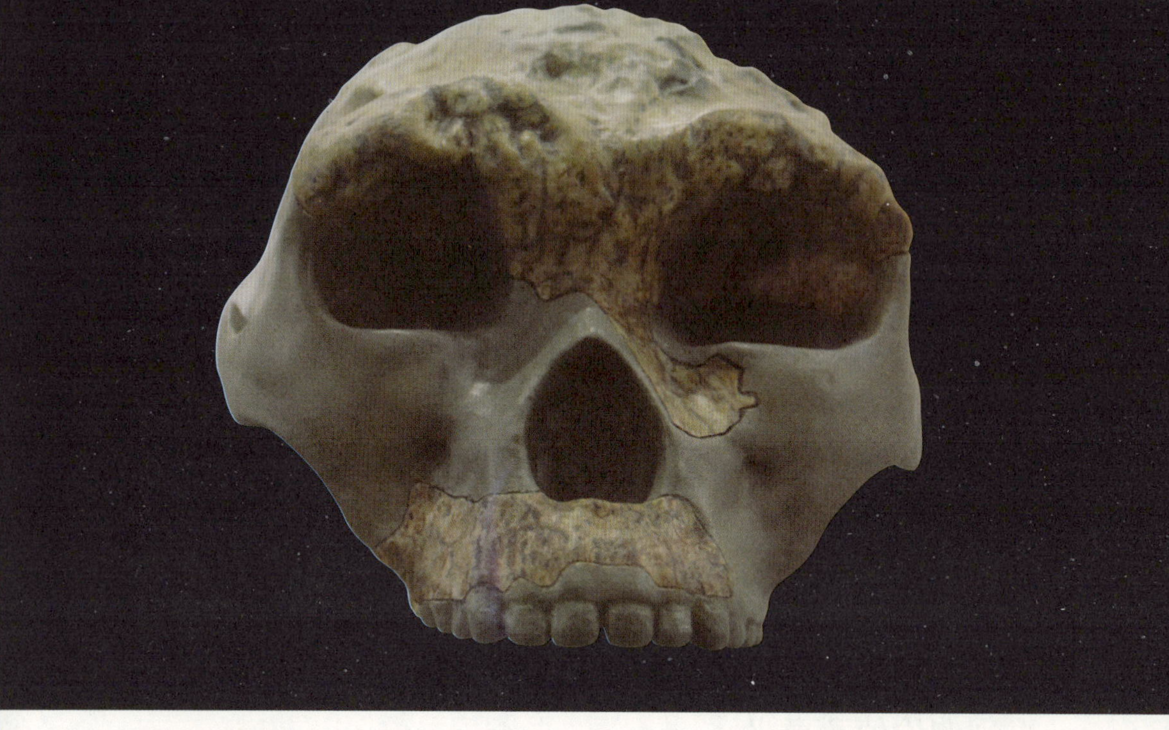

003 关中大地上最早的居民

国家宝藏

蓝田人头骨化石

年　代：距今 115 万—65 万年
尺　寸：长 18.9 厘米，宽 14.9 厘米
材　质：化石
出土地：1963—1964 年陕西省蓝田县公王岭和陈家窝出土
收藏地：陕西历史博物馆

【引言】陕西是中华文明的发祥地之一。陕西境内有很多从遥远的旧石器时代开始的重要考古发现。其中陕西蓝田发现的人类头盖骨化石，是继北京人头盖骨化石发现之后又一次重要的发现，对中国古人类研究具有深远的意义。

蓝田人头骨化石的发现过程

蓝田县位于陕西关中平原东部，秦岭北麓，在历史上是关中通往东南方向各省市的重要通道。这里盛产美玉，唐代诗人李商隐诗云“蓝田日暖玉生烟”，就是描写蓝田玉的。这里地质发育良好，是科学考察的理想之地。

1963年6月，由几名科学家组成的科考队从北京出发，到陕西蓝田进行地质考察，重点是寻找脊椎动物化石。此次科考队的队长由张玉萍担任，队员有黄万波、汤英俊、计宏祥、丁素因和张宏等。6月20日到6月29日，科考队在陈家窝西南的黄土剖面上，捡到了几块哺乳动物化石，随后转移到其他地方调查。7月初的一天，科考队来到公王岭。此时正值雨季，不凑巧的是队员们碰上了暴雨，无法进行正常的调查活动。队员们停在路边的商店里避雨，商店里避雨的人很多，队员们就和老乡聊起来，顺便问了句这里是否发现过“龙骨”。其中一位老乡说：“这里的龙骨很多，就在公王岭背后的半山腰上。”并拿出了两块化石给他们看，队员们一看很高兴，便决定在这里住下来，第二天去考察公王岭。傍晚，雨过天晴，一名队员先去打头阵了解情况，为第二天的考察做准备。科考队在这里发掘了几天就发现了十几种哺乳动物化石，其中有三门马、变异狼、田鼠等，队员们满载而归。

7月19日，科考队又回到了陈家窝进行试掘，当时正值盛夏，大家的干劲仍然很足。他们先是在黄土中找到了一些猪牙和鹿牙化石，后来又在一个钙质结核中找到了一件“老虎化石”，化石被一层结核包裹着，未能看清全貌。黄万波为了携带方便，将表层的松土又去掉了一些。这时，他发现了结核中的白点，一个被挖断的牙根，不像是虎牙，用细针剔除牙齿周围的黄土时，露出了马蹄形的齿槽骨。根据经验，这应该是一个灵长类动物的下颌骨。回到驻地修复后发现，这是一完整的直立人下颌骨化石。

这一发现引起了古脊椎与古人类所的高度重视，第二年又一次组织对蓝田进行发掘，这是一支由贾兰坡先生带队的综合性的队伍。大家到了蓝田后，分头行动，以求在上一年的基础上有更大的发现。来到蓝田没多久，在公王岭发掘的黄慰文、武英等又有了重要发现。5月23日傍晚，当时还下着雨。黄、武二人急急忙忙地跑到了贾兰坡先生的驻地。贾先生一看他们这么着急，肯定是有急事，不然不会冒雨赶了30里路，他一问果然是。黄慰文掏出一个纸包，说这是刚发掘出来的。包得严严实实，问是什么东西，也不说话。于是贾先生就一层一层地拆开，越拆越紧张，拆到最后，贾先生情不自禁地喊了起来："人牙！居然发现了人牙，说明这里还可能有其他的人类化石。"于是大家更加认真地工作起来，随后又发现了大量的动物化石，但是这些化石很糟，有的一动就碎，而且化石又密密地重叠在一起，如果一件一件地取出来十分困难。经过商议后，大家决定把这些化石用套箱套起来，搬回室内慢慢整理。这些化石被带到北京后，由李功卓负责修理，从8月份开始，一直持续了几个月。先是在10月9日，清理出一颗牙齿，杨钟健先生鉴定是一颗猿人牙齿。10月12日上午，又清理出新的化石来，裴文中先生看到后非常激动地说："是猿人头盖骨无疑了。"于是大家奔走相告，无比兴奋。

至此，我们知道蓝田人化石出自两个地点：在陈家窝发现了下颌骨，在公王岭发现了猿人头盖骨化石包括完整的额骨、顶骨的大部分、右侧颞骨的大部分、左鼻骨的大部分和右鼻骨的鼻根部以及右上颌骨的大部分并附带有第二、三臼齿和左上颌骨的体部和额突部。

蓝田人头骨化石的研究

吴汝康先生研究发现，蓝田猿人的头盖骨骨缝已经愈合，上第二臼齿的磨耗达到二度，估计此蓝田猿人的年龄大约在30岁。由牙齿、上颌骨、颞骨椎体和颅中窝等较为细小的特征来看，此蓝田猿人可能为女性。额骨前部的眶上圆枕硕大粗壮，在眼眶上方形成一条横行的骨嵴。圆枕的两侧端明显向外侧延伸，圆枕之后明显缩窄。眼眶约呈方形，眶顶很平，没有眶上孔和泪腺窝。从眶上圆枕的形态和圆枕后的明显缩窄、额鳞非常低平、头骨的高度很小等来看，蓝田猿人的特征比北京猿人和爪哇猿人的特征更为原始。根据头骨残片，专家对蓝田猿人进行复原的结果看，估计其脑容量在780毫升，比现代人平均脑量的1350毫升要小很多。

蓝田猿人生活的年代，陈家窝猿人下颌骨被发现于厚约30米的第四系红土层中。在红色土层的底部有一层厚约1米的砾石层，下颌骨就埋在砾石层以上1米的红土中，初步判断地质年代在中更新世。根据古地磁测年，陈家窝直立人的时代在距今70万—60万年，公王岭直立人的时代为距今115万—110万年。

在公王岭，通过考古发掘所得的石器共13件，其中石核7件、石片4件、直刃刮削器1件、有使用痕迹的石片1件。原料多为石英岩，占11件，其他为脉石英和石英细砂岩，各一件。除此之外，科考人员在公王岭附近的红色土中也采集到了一些旧石器，有石核、石球、刮削器等。从石器文化来看，蓝田猿人的文化具有较多的原始性，主要表现在：经第二步加工的石器数量较少，而且相当粗糙，修制技术较差，器形不规整，石器类型还不多，有的标本表现出的石器类型特征不明显。

与蓝田猿人伴出的动物化石种类达到了40多种，森林动物如猕猴、虎、象、貘、野猪、毛冠鹿、水鹿等，另外还有草原动物如马、牛、狮子、大角鹿以及一些南方动物种属。

蓝田猿人头骨化石的发现填补了人类进化的空白，首次在洞穴以外的地层中发现了人类化石，而且层位明确也有伴生的动物群，具有很高的科学研究价值，是中国乃至全人类的一笔宝贵财富。

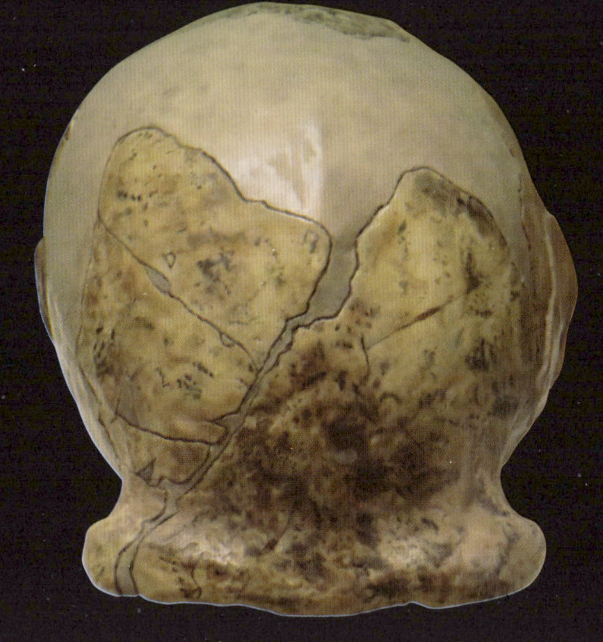

004 下落不明的国宝化石

国家宝藏

北京人头盖骨化石

年　代：距今约 71 万—23 万年
尺　寸：不详
材　质：化石
出土地：1929 年北京市房山区周口店龙骨山出土
收藏地：化石在第二次世界大战中下落不明，模型藏于中国国家博物馆

【引言】周口店北京猿人遗址虽然不是中国最早发现人类化石的地点，但确是最早得到世界公认的直立人化石地点。早在 20 世纪二三十年代就开始了发掘研究工作，并且得到了世界学术界的认可，在世界上享有很高的知名度。因此，周口店北京猿人遗址与敦煌莫高窟、长城、秦始皇陵及兵马俑、泰山、北京故宫于 1987 年被联合国教科文组织列入世界文化遗产名录，成为中国第

一批世界文化遗产。由此可见，北京猿人遗址的重要性。

北京猿人发现简史

早在北宋时期，在现在北京市西南约50千米的房山周口店就有发现“龙骨”的传说。久而久之，当地人把周口店附近的那座小山称为龙骨山。1918年，周口店附近龙骨山发现化石的消息，引起了北洋政府矿政顾问、瑞典学者安特生的注意。他便去周口店地区进行了走访和调查，并无多大收获。直到1921年，安特生和美国古生物学家格兰阶、奥地利古生物学家斯丹斯基赴周口店考察，发现了北京猿人遗址的洞穴堆积。他们还发现了动物化石，而且注意到了石英石片，认为这些可能和古人类活动有关。随后，斯丹斯基进行了两次短暂发掘，发现了两枚人类牙齿化石。这一发现为后来的考古活动奠定了坚实的基础。

1927年，中国地质调查所正式开始发掘北京猿人遗址。这次发掘发现了大量的动物化石和一枚人类的左下第一臼齿化石。在第二年的发掘中发现了除牙齿之外的人类顶骨、额骨、下颌骨、肱骨等化石。

1929年的考古发掘工作由年轻的裴文中主持，这一年是北京猿人发掘工作最为重要的一年。年底，发掘工作步入尾声，国外的资助逐渐停止，发掘现场的工人们也一副没精打采的样子。年轻的裴文中有初生牛犊不怕虎的精神，执意要搞明白洞穴底部的堆积情况。12月2日，裴文中又一次腰系绳索下到洞中，虽然已经临近天黑，他仍聚精会神地工作，突然，他惊喜地发现了一个猿人的头盖骨，其中一半已经露出土来。他小心翼翼地把这件化石挖出来，用自己的衣服紧紧地包裹起来，像抱着婴儿一般，小心地拿到办公室。第二天，他给北京方面汇报了这一重要发现，在电报中他写道：“顷得一头骨，极完整，颇似人。”这一消息的宣布，足以震惊整个学界。

自第一件完整的头骨发现之后，负责发掘工作的裴文中不断地在发掘中改变工作方法，使整个发掘活动更加规范和细致。如采用1×1米的探方（探方是考古发掘活动中的最小工作单位，一般根据遗址的情况有1×1米、5×5米、10×10米等大小），每50厘米厚为一水平层。这些都为之后的发现奠定了科学的基础。1935年的发掘工作由贾兰坡主持，在第一地点发现了丰富的石制品和人类用火的痕迹。1936年是周口店发掘中大丰收的一年，短短的半个月时间里，在下文化层的第二十五水平层中，发现了3个直立人头盖骨，还有丰富的哺乳动物化石和石制品。1937年仍有人类化石和石制品出土。不幸的是，随着卢沟桥事变爆发，周口店北京猿人遗址的考古工作不得不中断。从1927年到1937年，10年的发掘共获得了5个完整的直立人头盖骨、140余枚牙齿及一些肢骨，共代表了40个个体。另外还有上万件石制品和哺乳动物化石，这些资料为复原北京猿人的生活场景提供了重要的资料。北京猿人发现的个体之丰富，实属罕见。这为我们探讨人类起源问题提供了重要资料，是全人类的一笔财富。

北京人的特征和文化

研究发现，北京人头骨最宽处在左右耳孔稍上处，向上逐渐变窄，剖面为抛物线形。北京人头盖骨低平，额向后倾，比猿类增高，和现代人相比仍较低。北京人的脑容量在1043毫升，介于猿和现代人之间。他们的头盖骨比我们现代人要厚。眉嵴粗壮，左右连接在一起。颅顶有明显的矢状嵴，头骨后部枕骨圆枕发达。北京人的面部，吻部前突，下颌不明显。有扁而宽的鼻骨和颧骨，颧骨面朝前，表明他们的鼻子较宽，面部扁平。他们的牙齿较猿类稍有退化，但比现代人的牙齿要粗大、复杂。其犬齿和上内侧门齿的舌面，有由底结节伸向切缘的指状突；上内侧门齿的舌面呈铲形。铲形门齿是蒙古人种较为典型的特征，因此可断定北京人属于蒙古人种。北京人头部的特征又和爪哇人相似，所以北京人也是直立人。北京人的身高根据发现的长骨推断应该在1.56~1.57米。

北京人使用的工具有石制品、骨角器等，并知道用火。他们石器的制作以石片石器为主，石核石器不多，且多为小型。原料是就地取材，一般取自洞口不远处的河滩，有脉石英、砂岩、石英岩、燧石等，也有来自几千米外的水晶。他们的石器加工技术有直接打击法、碰砧法和砸击法。以砸击法打制的两极石核和石片占出土石器比例最大，这是北京人的特色工具。这些石器的器形包括砍砸器、刮削器、雕刻器、石锤和石砧等类型，能够满足北京人不同的生活需求。他们用砍砸器进行狩猎活动，用刮削器来加工处理猎获的动物，用雕刻器加工动物骨头制成生活用品或装饰品。

在他们居住的洞穴内发现了大量的碎骨，据此推测北京人可能制作骨器。一些动物骨骼上的切痕，也能间接证明北京人已经会加工骨器。在他们的洞穴中也发现了灰烬层，有许多石头被火烧过，这些灰堆有的集中分布。因此，我们认为北京人很可能已经会管理火了，但是否为人工取火，目前还不得而知。

国宝丢失

1937年全国抗日战争爆发后，国难当头，为了使这些化石能够得到妥善保管，太平洋战争爆发前夕，中国政府同意将北京猿人头盖骨化石交由美国自然历史博物馆代为保管，然而在交给美国陆战队负责运输后，北京猿人头骨就下落不明，杳无音信。时至今日，仍是一宗悬案。

北京猿人头盖骨化石的发现在当时的学术界引起了极大的轰动，为研究早期人类的起源提供了不可多得的材料，为人类的多地区起源理论提供了材料支撑。虽然是20世纪二三十年代做的工作，从今日的眼光来看，仍然具有重要的学术意义，毕竟就人类头盖骨化石而言，从此之后再也没有发现完整的头骨化石了。

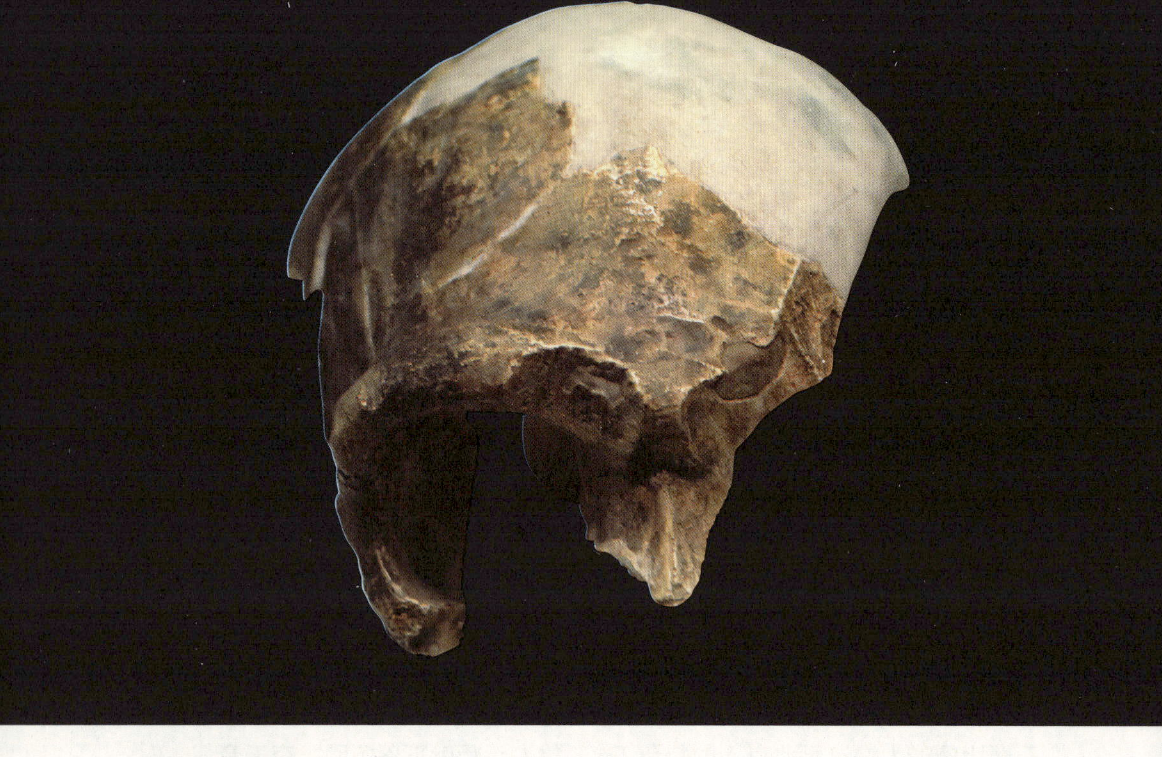

005 华南地区最早的古人类

国家宝藏

马坝人头骨化石

年　代：距今 13.5 万—12.95 万年

尺　寸：具体尺寸不详

材　质：化石

出土地：1958 年广东省韶关市曲江区马坝镇出土

收藏地：广东省博物馆

【引言】提起马坝人，即使是相关专业人员对其了解都十分有限，更别说普通大众了。下面就让我们一起走近马坝人，了解马坝人的生活环境和情况，认识五岭以南的古人类。

马坝人的发现与研究

说起来，马坝人的发现和当年的农业大生产运动紧密相关。1958年5月，广东省曲江县马坝乡农民为了扩大丰收，在周边区域积极调查肥源。他们发现当地狮子山附近的稻子长得特别肥壮，就想是不是这里的土中有天然的肥料，大伙儿三五成群来到这里一探究竟。最后来到了狮子山的岩洞内，因为当地的自然环境原因，岩洞内的石头经过很长时间的自然风化形成土壤，这些土壤富含磷。看到如此一块宝地，当地政府决定在此开办磷肥加工厂，大量挖取洞内的堆积土层。6月底，在洞中的黄褐色黏土中，挖掘出了19种古脊椎动物化石，其中有一块破碎的头骨化石。恰逢广东省委第一书记陶铸在当地视察工作，发现此情况后，指示当地加强对这些化石进行保护。8月21日，广东省博物馆杨岳章受命前往当地进行调查，并将发现的化石标本带回广州。之后，杨岳章、麦英豪等5人再赴化石发现地进行详细调查，并由杨岳章整理写成简报连同化石标本送至中国科学院古脊椎动物研究所进行鉴定。9月中旬，在广东省文物管理委员会副主任商承祚主持下，中国科学院裴文中、吴汝康、周明镇三位专家和当地研究人员对化石发现地再次进行了考察。

狮子山是一个石灰岩山，东北距马坝乡马坝圩约1.5千米，因为山的外形像狮子，所以当地群众取名狮子山。在山的北面约1千米处，有一砂石底的马坝河横贯其间，东边与二叠系砂岩、页岩组成的坭领山相连，其余三面是现代冲击地层。在狮子山相对高度25米以下发现三层溶洞。人类头骨化石发现于溶洞北侧的一条东西向的裂隙中，裂隙已变成深沟，全长63米，宽1～2米，由底到顶高约10米。这条裂隙就是第二次发掘的重点，在这里再次发现了大量化石，其中发现的人头骨化石仅保留顶盖部分，虽然已成数块，但可粘连起来，有额骨和部分顶骨，右眼眶和鼻骨的大部分保存较好。头骨的石化程度相当大，呈浅灰黄色，杂有黑色斑块。头顶的骨缝大部分已经愈合，矢状缝仅有前端一小段尚可辨认，冠状缝大部分尚可辨别，但很不明显。如以现代人骨缝愈合的年龄为标准，则为中年以上的个体，但化石人类骨缝的愈合要远早于现代人类。头骨上肌肉附着的骨嵴不明显，但头骨表面较为粗涩，头骨的容积甚大，可能是男性个体。因此，马坝人头骨可能属于一中年男性个体。

马坝人的头骨，根据吴汝康先生的研究，具有以下特征：马坝人眉嵴粗壮明显突出，形成一条横条，但向上与额骨鳞部相续，其间仅有浅沟相隔。马坝人眉嵴前缘的轮廓和爪哇猿人、中国猿人不同，比发现的尼安德特人的直，介于爪哇猿人和尼安德特人之间。马坝人的眼眶约呈圆弧形，与尼安德特人相似，与爪哇猿人不同。马坝人的鼻骨，与爪哇猿人和尼安德特人相似，比现代人宽阔。鼻额缝则和中国猿人、梭罗人、罗迪西亚人相似。顶骨在前囟处的厚度为7毫米，小于中国猿人和梭罗人，与尼安德特人相似。这些特征均说明马坝人原始的特性，但同时又有些进步的特性，如颅骨骨壁较薄。因此，专家意见还是倾向于马坝人属于早期智人。马坝人具有直立人向智人的过渡性特征。与马坝人伴生的脊椎动物化石有鬣狗、大熊猫、貘、剑齿象等19种，因此，其地质年代为中更新世之末或晚更新世之初。

根据吴秀杰研究员与国外学者研究发现，马坝人右侧额骨表面的痕迹呈半圆形，大小在30平方毫米，整个痕迹下凹1.5毫米。痕迹表面粗糙，呈现出波纹状隆起的细脊，在痕迹周边有明显的愈合现象。经过对比研究发现，这种形制的创伤痕迹，很有可能是受到一种钝性物体打击后所致。根据外伤痕迹的形态和部位，这种痕迹很可能是当时人类之间暴力行为的结果。这一研究对于我们认识当时的人类行为模式具有重要启示。

马坝人发现的意义和价值

马坝人头骨化石是在华南地区第一次发现的古代人类头骨化石，扩大了以往发现古人类化石的范围——以往我们发现的古人类化石主要集中在华北地区。中华人民共和国成立后，在南方地区也相继发现一些古人类化石，但马坝人化石的特征较这些化石早，马坝人属于早期智人化石，说明在中国华南地区也生活着早期智人，这为古人类在这一地区的发展演化提供了重要的资料。就史学价值而言，马坝人作为早期智人的代表，介于北京人和丁村人、河套人之间，填补了中国人类发展过程中的一个重要环节，在中国人类化石的联结上有重大意义。同时，马坝人的发现扩大了中国旧石器时代早期智人的分布范围，填补了华南地区人类进化系统上的空白，对华南地区古人类研究提供了重要证据，尤其是将广东的历史提早到了一个远古时期。

马坝人的价值还在于对中国古人类学、考古学及史前史学提供了明显的线索，启发考古学家和人类学家们将注意的重心由北而南，并从广东、广西逐渐向西南发展，找到越来越多、越来越早、越来越重要的古人类化石及其文化遗存，建立起有中国特色的考古和史学理论体系。中国学界自马坝人化石发现以来，已取得多方面的重大进展：一方面，发现了数量甚多的古人类化石，几乎人类演化过程的每个时期都已有了标准的化石代表，从而确定了中国作为人类起源与发展的重要地区的无可争辩的地位；另一方面，已经采用铀系法、氨基酸法、古地磁法等多种先进的科学方法，对中国一系列古人类化石地点作了相对年代的测定，这样就可以有更充实、更有说服力的证据，进一步研究人类的起源及发展。

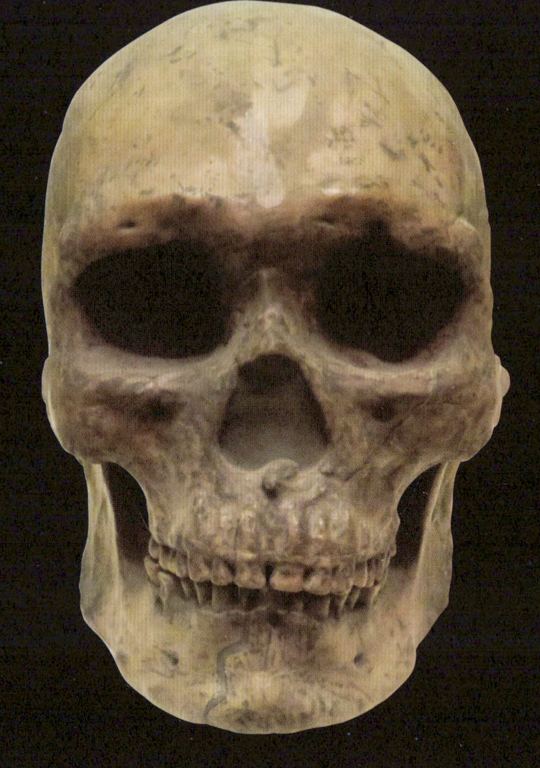

006 破解东亚人种起源之谜

国家宝藏

山顶洞人头骨化石

年　代：距今 3.4 万—2.7 万年
尺　寸：长 21 厘米，宽 15 厘米，高 17 厘米
材　质：化石
出土地：1933 年在北京市房山区周口店山顶洞出土
收藏地：化石在第二次世界大战中下落不明，模型藏于中国国家博物馆

【引言】对于周口店遗址我们知道最多的是北京猿人，其实考古工作者在周口店也发现了时代晚于北京猿人的人类化石。这些发现为我们认识智人的发展演化，以及东亚蒙古人种的起源问题提供了重要的材料。

山顶洞人的发现

山顶洞，顾名思义是位于山顶的一处洞穴。该地点是在1930年因为寻找周口店第一地点的猿人遗址堆积的界限而发现的。1933—1934年进行的考古发掘，发现了丰富的人类化石、文化遗物和大量动物化石。文化遗物包括石制品、骨角器和装饰品。

山顶洞在当年被发掘时结构还是很完整的，洞口和全部洞顶尚在。随着环境的变迁，我们今日看到的山顶洞已经和以往有所不同。山顶洞的堆积为灰色土，比较疏松，夹杂有大量的灰色岩石碎块。根据地层堆积情况，从上到下可以分为5层，其中在洞口和上室发现3层。其中第1层、第2层都发现了人类化石、装饰品和石制品等遗物。第3层发现的遗物很少，在洞底的石钟乳和石灰岩上有烧烤过的痕迹，说明当时的人类在此层面生活过一段时间。下室发现2个文化层，在第4层发现了3个完整的头骨和躯干骨，其身体周围撒有赤铁矿粉。第5层未见人骨化石，仅发现人牙化石。第5层下发现大量的动物化石，说明人类之前有动物在此栖息。

山顶洞遗址虽然面积不大，但是发现的人类化石材料相当丰富。这批化石材料包括3个完整的头骨、一些残破的头骨碎片、下颌骨和零星的牙齿以及部分躯干骨。经研究发现，这批材料共代表了不同年龄和性别的8个个体。其中2个成年男性，3个成年女性，1个少年，2个幼儿。在这3个完整的人头骨中，有一个60岁左右的老年男性，编为101号。一个青年女性和一个中年女性，分别编号为102号和103号。这些化石均在抗日战争期间遗失，至今下落不明。

山顶洞人头骨化石的研究

德国古人类学家魏敦瑞是研究山顶洞人头骨的主要学者，他通过研究认为101号老年头骨的测量指数接近西欧的克鲁马努人，但是根据形态观察来看，则确定是原始蒙古人种。102号青年女性头骨则认为是美拉尼西亚

人类型，103号中年女性头骨是因纽特人类型。直到20世纪60年代，随着中国同时期的人类化石的增多，吴新智在原有基础上，根据山顶洞人的头骨模型，对这3具头骨进行了进一步研究。吴先生认为老年男性头骨，在面骨方面几乎所有的指数与现代或化石的蒙古人种相近的程度大于其与西欧智人化石的相近程度，其中表现尤为明显的是鼻指数。如鼻骨较窄、有鼻前窝、颧骨突出且较直，这些都是典型的蒙古人种特征。102号头骨的面骨部分主要测量数值和指数都是与蒙古人种的现代类型或化石类型很相近，而且相近的程度要比现代美拉尼西亚人相近程度大，特别是在上颌齿槽指数大大地超出了后者的变异范围，所以从测量数值上看，102号头骨更接近蒙古人种。在形态上，这个头骨也具备蒙古人种的特征：其中鼻根部没有明显的凹陷，眼眶倾角小于90度，为垂直型，颧骨突出朝向前方。另外，鼻骨的形状和梨状孔下缘的类型在蒙古人种中也常见。因此，102号头骨不管是从测量结果还是形态特征都是蒙古人种。103号头骨的测量数据显示是与现代因纽特人、美洲的印第安人和中国人有密切关系的原始蒙古人种。从形态观察来看，103号头骨比前两个头骨具备了更显著的蒙古人种特征。它颧骨的位置和形状、鼻骨的形状、明显的鼻前窝、垂直型的眼眶倾角遗迹面部和鼻梁的扁平程度，说明其具备的蒙古人种特征已相当一致。

山顶洞这3具头骨的性状相当复杂，其共同特点是：在形态观察上都有着不同程度的蒙古人种特征；在测量结果上，除了具有全世界智人的一般原始特征和中国境内发现的共有特征之外，各项特征都和蒙古人种现代的地区性种族特征类似，如中国人、爱斯基摩人和美洲当地居民。因此，我们认为山顶洞人是原始的蒙古人种。现代蒙古人种的支系，是在山顶洞人和其他与其相近体质特征的人的类型逐渐发展演变而来。因此，山顶洞人的发现与研究，对于我们认识中国人的体质特征有重要意义，同时也为爱斯基摩人和印第安人的起源提供了重要材料。

独特的山顶洞人的文化

山顶洞人遗址除出土了人类头骨化石之外，还有大量的其他文物。山顶洞所用的石器数量很少，总共才20多件。最能代表山顶洞人的是其发达的装饰品。遗址中发现了十分丰富的装饰品，有穿孔的兽牙、海壳、小石坠、小石珠等。发现的穿孔牙最多，有125件，大部分是獾、狐、鹿、野狸和小型食肉动物的犬齿，均在齿根部双面钻有小孔。有的因长期佩戴，导致小孔变形明显。其中有5件出土时呈半圆形排列，可能是成串的项饰。制作精巧的7颗小石珠，原料为白色石灰岩，形状大小相近，最大的直径6.5毫米，孔眼为单面钻，表面染成红色。散布在死者头骨周围，应为头饰。另外还有石坠为天然的黄绿色砾石磨制而成，一面有磨制痕迹，在中央对钻小孔，局部染色。这些制作精美的装饰品，反映了山顶洞人的审美情趣。

山顶洞人的生活以渔猎和采集为主，在遗址中发现的大量动物骨骼，应该是他们的狩猎成果，野兔和北京斑鹿是他们主要的狩猎对象。此外，洞中还发现有鱼类的化石，说明他们也以渔猎来作为食物来源的补充。

山顶洞人制作骨器和装饰品的技术先进，他们不仅掌握了单面钻孔技术，也会双面钻孔。有的孔洞很细，说明他们的技术已经达到了相当的高度。他们还用颜料对器物进行染色，使之更为美观，说明他们有了自己的审美意识。对死去祖先进行埋葬，也说明他们有了灵魂观念，希望死去祖先能够顺利到达另外一个世界而不被野兽吃掉。

007 中国最早的陶制品

红陶罐

年　代：距今 1.4 万年
尺　寸：口径 20 厘米，高 18 厘米
材　质：陶
出土地：1962 年江西省万年县仙人洞遗址出土
收藏地：中国国家博物馆

【引言】陶器是一种再普通不过的器物，但同时又是一种非常实用的器物。直到今天，我们的生活仍然离不开陶器。陶器的发明，改变了人们的饮食结构，人们可以吃上烹饪后的熟食，喝上开水。那么最早的陶器是什么样子的，是如何制作出来的？下面让我们到江西省万年县仙人洞遗址一探究竟。

仙人洞中的古人类生活

仙人洞遗址地处江西省万年县东北15千米的大源乡小河山，以往在仙人洞洞口发现有动物骨骼和螺壳。1962年，江西省文物管理委员会的专业研究人员到此做考古调查，当地县文化馆的一名同志反映了仙人洞发现过骨骼化石等情况，于是一行人便去调查。此次调查，在洞口发现动物骨骼化石和螺壳，并采集到了穿孔石器和砺石各一件；在洞口右侧紧靠洞壁发现一大片胶结堆积，高在1.3米左右，断面上有不少动物骨骼、螺壳、蚌壳及陶片，因此确认该遗址是一处有人类活动的洞穴遗址。

仙人洞处在一处四面为高山的狭长盆地中。盆地东北为发掘较好的石灰岩山岭，叫小河山，高约100米，盆地西南为红土高山，有许多山坡延伸到盆地上面。在小河山一带，有一条名叫文溪水的小河，河面宽约20米，沿着山脚从东南流向西北，注入乐安江。仙人洞在盆地西北小河山的山脚下，洞口朝向东南，距文溪水70米，高出水面3米。洞口开阔呈岩厦，剖面为弧形。良好的自然环境，为古人在此生活提供了便利条件。

仙人洞遗址从20世纪60年代发现以来，曾多次展开考古发掘。1993年、1995年和1999年，北京大学、江西省文物考古研究所与美国安得沃考古研究基金会联合组成“中美农业考古队”，对该遗址和吊桶环遗址又进行了多次考古发掘。再次证明洞穴堆积较厚，文化层次清晰，是华南地区旧石器时代晚期到新石器时代过渡的重要遗址，并且发现了大量的遗物，为研究华南地区的文化演变脉络，提供了宝贵的资料。鉴于仙人洞遗址和吊桶环遗址的重要性，其考古发现成果被评为1995年“全国十大考古发现”之一。在新世纪来临之际，又被评为20世纪100项重大考古发现之一。

历史年代最早的中国陶器

1962年在仙人洞遗址第一次发掘时发现的红陶罐是仙人洞遗址最具代表性的出土文物。此次发掘在洞口共布设3个探方，总计发掘28平方米。根据地层关系，可以把这些遗物分为两期。第三层为第一期文化，第二层为第二期文化。这件陶罐属于第一期文化。第一期发现的文化遗物有石器、骨器、角牙器和蚌器等200多件，还有人骨和动物骨骼。石器可以分为打制和磨制两类，石器原料有石英脉、砂岩和燧石，其中砂岩占多数。骨器30多件，绝大多数经过磨制。器形有针、锥和刀等。角牙器4件，蚌器52件，完整者仅有4件，另外还发现烧骨等遗物。陶器共发现90多片，仅复原一件，这便是我们在中国国家博物馆展厅中看到的陶罐。发现的陶片均为夹砂红陶，质地粗糙，掺杂有大小不等的石英粒，最大的径长1厘米，厚0.5厘米。这些陶片火候很低，质地疏松易碎，发掘时都不易取出。陶片厚薄也不均匀，厚的有1.4厘米，薄的仅有0.7厘米，甚至一块陶片的厚薄都不均匀。器壁内凹凸不平，应是手制，因为破碎严重，导致器形不易辨别。从陶片来看，口缘多为直口，也有微向内敛的。腹片的弧度较小，没有发现耳、足等附件。复原的这件陶罐，唇稍外侈，腹壁近直，下部微向内收，底部残，陶胎厚且厚薄不均匀，内外表面均饰绳纹。仙人洞遗址发现的陶器，具有较为原始的特征，说明仙人洞制陶水平还处在初始阶段，处在探索摸索中。

根据吴小红、张弛等学者对仙人洞发现陶器的最新研究表明，仙人洞遗址的陶片最早到距今两万年前。这比东亚和世界其他地区的陶器早了2000—3000

仙人洞遗址出土的陶器碎片

年。仙人洞遗址的陶器是目前为止，我们所知最早的陶器。这一年代数据的确认，将更新我们以往对于陶器的一些认识。

红陶罐发现的意义

陶器因为其易碎性，对于时代人群的反映比较敏感，长期以来我们都是以陶器为基础对古代文化遗存尤其是史前文化遗存进行研究的，因而对于早期陶器的发现和研究也是十分关注的。但是，囿于早期陶器资料的限制，发现的遗址堆积情况各异，很难发现完整的器形，采用传统的方法研究，显然行不通。因此，对于早期陶器的研究应该加强多学科合作，整合资源，采取新的研究路径。仙人洞陶器的研究便是各方密切合作的结果。特别是对其年代的最新确认，开拓了我们的研究视野。

以往我们把陶器的烧制和新石器时代紧密联系在一起，认为陶器是新石器时代开始的标志之一，也有人认为陶器的制作是农业发生的标志。其实在旧石器时代晚期，狩猎采集者们就开始使用陶器蒸煮食物了。有种观点认为，早期陶器是用于蒸煮蚌类食物，这显然和农业没有多大关系。仙人洞遗址1.4万年前陶容器的确认，修正了我们以往的认识，也为一些观点提供了间接的证据，提示我们应该打破学科内部的界限，把旧石器晚期和新石器早期的文化遗存结合到一起来看，这样更容易帮助我们发现问题，解决问题。

008 东方史前考古的摇篮

水洞沟遗址骨柄石刃刀

年　代：距今 1.1 万年
尺　寸：不详
材　质：骨、石
出土地：1980 年宁夏回族自治区灵武市水洞沟遗址 12 号地点出土
收藏地：水洞沟遗址博物院

【引言】水洞沟遗址是中国较早开展考古活动的旧石器时代遗址，从 20 世纪 20 年代至今仍然在进行考古发掘。在水洞沟遗址发现了很多重要的文化遗物，如鸵鸟蛋壳珠饰，这些蛋壳上染有赤铁矿粉，说明爱美之心，古已有之。另外就是发现了骨柄石刃刀，说明当时人类高超的石器制作技艺。

水洞沟遗址发现概况

水洞沟遗址位于宁夏银川市东南30千米，灵武市以北46千米处，海拔高度1200米。遗址边缘有一条溪流，溪流将水洞沟盆地和遗址切割出10米的峭壁，形成三级阶地。该遗址于1923年由法国学者桑志华和德日进发现并发掘，是中国最早开展系统研究的旧石器时代遗址之一。他们在一处黄土断崖上发现了一条黑色的灰烬层，灰烬层中包含有石制品和破碎的动物骨骼。桑志华和德日进遂在此发掘，在文化堆积中清理出重达300千克的石制品，有石核、石片和石器，同时还发现了许多动物化石，包括野驴、犀牛、鬣狗以及鸵鸟蛋壳。这些发现确认了水洞沟是一处古人类栖息的营地遗址。德日进将水洞沟的地层划分为三层：上层为黄土时期以后的河湖相堆积，中层为第四纪黄土和底部的砾石层，下层为上新世红土层。这为以后水洞沟遗址的地层划分奠定了基础，以后对水洞沟地层的划分也不出此范围，与早期的划分能够对应上。其上部为新石器时代遗物的全新世地层，中部为旧石器时代文化层，下部为更早的堆积。

直到现在，水洞沟遗址先后发现了12个地点。1号地点在1960年、1963年和1980年分别被发掘，其文化堆积厚达11米，出土了大量石制品和动物化石。2号地点先后经过5次发掘，累计发掘面积达100平方米。第2、3层发现了火堆、灰烬和红烧土，推测是古人居住的地点。另外，还发现了制作精美的鸵鸟蛋壳珠饰。3号至12号地点，都是进入新世纪之后新发现的。在这几处地点也发现了鸵鸟蛋壳珠饰，具有细石叶技术特征的石器和勒瓦娄哇技术的石核和石叶，以及细石叶和细石核。

12 号地点发现骨柄石刃刀

12号地点位于水洞沟遗址中心区以北4千米处，因当地砖厂取土而被发现，遗址大部分堆积已经被破坏殆尽，遗留下的文化层在剖面上清晰可见，为一条绵延约50米的透镜体状堆积，最厚处达1.6米，平均厚度在0.5米。该地点出土石制品9万多件以及大量动物化石、骨器等。我们特别介绍的骨柄石刃刀就是在12号地点发现的。

这种骨石复合工具，是人类的生产生活、技术水平发展到一定阶段的产物。同时要具备高超的制骨技艺和细石叶剥离技术，除此之外还需要懂得用何种胶把这两种不同材质的工具粘连在一起。它是一种把细石叶镶嵌或捆绑到骨器上用于从事生产生活的新型复合工具。不仅在水洞沟遗址，这种复合工具在中国东北、内蒙古以及甘肃都有数量较多的发现，如在平谷上宅遗址、秦安大地湾遗址、赤峰的多处遗址总计发现20多件骨柄石刃器。这种工具从旧石器时代晚期一直延续到新石器时代末期，主要分布在北方地区，南方地区不见。因此，可以推测这种复合工具是人类适应北方地区自然环境创造出的一种新型工具。

一直以来，一般认为这种骨柄石刃刀是一种反映狩猎采集经济的工具。那么骨柄石刃刀到底是如何使用的？据研究，其使用方式多为刮削、切割，主要目的是用来切割食物和皮革加工。这在12号地点发现大量的动物骨骼可以找到佐证。其中野兔和普氏羚羊化石的比重超过70%。根据民族学研究，美国印第安人捕猎长耳大野兔、叉角羚的主要目的是获取其皮革来制作服饰，这两种动物和水洞沟12号地点发现的野兔、普氏羚羊有相似的特征和体型。据此我们推测，水洞沟发现的骨柄石刃刀等复合工具是对动物皮革进行加工处理、缝制衣服的一个具体体现。12号地点文化层的年代距今1.2万—1.1万年。这一时期刚好处在新仙女木事件之后，是一个气候相对寒冷的阶段。对这些高流动性的狩猎者而言，御寒是生存中需要解决的一个重要问题，精致的皮革服饰具有良好的保暖性能，能够满足当时人们的御寒需求，这种复合工具能广泛传播的原因之一可能就是和当时的气候有关。这一推断某种程度上也得到了实验室证据的支持，有学者运用环

境扫描电镜和X射线能谱技术对平谷上宅遗址发现的骨柄石刃刀进行观察表明，骨柄石刃刀的刃部残留有磷、钙、碳等物质成分，说明是一种加工肉类的工具。而且在刃的背面发现了有意识掺入的一些矿物质，如钡盐，说明当时的古人对于胶有了一定的认识，用其来加固工具。这项研究也进一步证明推测的合理性。

骨柄石刃刀是当时人类因高流动性、适应恶劣环境而做出的一种反应，是人类面对自然环境的一种自我保护意识的体现，反映了在旧石器时代晚期人类对环境变化在工具上的一种回应。它说明了环境的变化刺激了人类的发明创造，反映了人类适应环境、环境影响人类的相互关系。至于为何骨柄石刃刀这种复合型工具能够在人类的生产活动中流行如此长的时间，原因还有待我们进一步去探索。有一种可能是，这种工具在不同时期使用的方式是不同的，例如在新石器时代能够使用这种工具的人可能是地位比较高的人，这种工具具备了指示一个人地位的功能，有一定的象征意义。

第二章

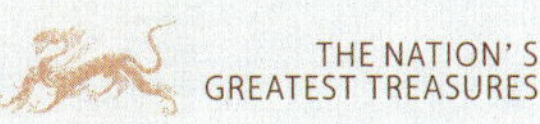

中华文明的曙光绽放

当人类走完漫长的旧石器时代，便开启了一个崭新的时代——新石器时代。一般以农业的起源、磨制石器的出现、陶器的烧制作为新石器时代开始的标志。中华大地上的先民们创造出了独具特色的文化；此起彼伏，高潮迭起，就像一幕幕活话剧在中华大地上轮番上演。在新石器时代早期，南北差异明显，彼此之间的联系不多，相同的文化因素较少。到了新石器时代中期，裴李岗文化一枝独秀，其中贾湖地区是裴李岗文化中最耀眼的明星。到新石器时代晚期，大半个中国刮起了一股彩陶之风，中原以外的其他地区也不甘示弱，红山文化的神庙、积石冢、祭坛，反映了红山文化神秘的特性。大汶口文化、良渚文化的新发现层出不穷，一次次地改变了我们对那个时代的认识。这个时代是一个遍地开花的阶段。各区域的联系也不断加强，形成你中有我、我中有你的态势，我们称之为相互作用圈。新石器时代末期的龙山文化阶段，城址如雨后春笋般在各区域普遍出现。这个时代就像是一个大熔炉，奠定了中华文明多元化的进程，中华文明的曙光在东方熠熠生辉。

009 改变饮食方式的开始

石磨盘和石磨棒

年　代：裴李岗文化，距今约 7600—5900 年

尺　寸：磨盘长 50 厘米左右，高 8 厘米；磨棒长 30 厘米左右

材　质：石

出土地：1978 年河南省新郑市裴李岗村出土

收藏地：郑州博物馆

【引言】石器是人类在漫长的演进过程中，最常使用的一种制作工具的材料。从旧石器时代的打制石器到新石器时代的磨制石器，虽然加工的技术在变化，未改变的是某种工具的功用。石磨盘和石磨棒伴随人类的生产生活走过了几千年。

石磨盘与石磨棒的发现

1977年的一天，河南省新郑县新村公社裴李岗村村民李铁旦在村西平整土地时，很意外地在地里发现了一个形状呈椭圆形的石板，在旁边还发现一根石棒。他很好奇，地里怎么有这个玩意。于是，他把发现的东西装到麻袋里去找县文化馆的工作人员。当县文化馆的薛文灿看到之后，十分高兴，第二天便组织相关人员去裴李岗村实地调查。没过几天，考古队员就来到裴李岗村进行试掘。根据李铁旦提供的线索，他们布置了探方进行发掘，虽然有些发现，但是没有发现石磨盘的踪影，为了继续寻找石磨盘的踪迹，扩大了发掘面积，终于在不远处，发现了一个印痕。考古队员推测这是李铁旦取走石磨盘后留下的印痕，于是便让人赶回县里，把石磨盘拿来，果然严丝合缝地对上了，最后考古发掘确认这里是一座墓葬，说明石磨盘、石磨棒是在墓葬中发现的。这一发现为这种神秘的石器找到了可靠的出土背景，也揭开了裴李岗文化的神秘面纱。1978年，河南省相关文物考古部门对该地进行了深入的考古发掘，这次发掘中共发现灰坑5个、墓葬24座。大量文物出土于墓葬之中，其中有石器32件、陶器98件、绿松石1件。这次发掘出土的石磨盘和石磨棒共计8套。磨盘为黄色砂岩制成，制作琢磨兼施，整体平面为椭圆形，两头宽窄不一，前宽后窄，磨盘底部琢制有四个柱状短足。磨棒是和磨盘相配套的，为圆柱形，中部较粗，两端略细。有的磨棒因使用时间较长，中部已经磨损变细下凹。

此后，对裴李岗遗址考古工作者还进行了多次发掘活动。当地考古工作者以此为契机，加快了寻找这种古老文化的步伐。在随后的时间里，在河南各地发现了150多处裴李岗文化遗址，出土了大量的具有代表性的文物，为研究新石器时代早期文化发展提供了资料，更为仰韶文化找到了更早的源头。

远古生活方式的改变

石磨盘和石磨棒在旧石器时代就是人们使用的工具之一，进入新石器时代，石磨盘和石磨棒的形制相对固定下来。这种工具的分布范围十分广泛，延续的时间也很长。对于我们来说，提到石磨盘，首先想到的是新石器时代中期裴李岗文化发现的石磨盘。因为这种石磨盘最具典型性，呈鞋底状，有四个小矮足。石磨盘是用一整个石块磨制而成的，很难想象在七八千年前，古代的劳动人民是如何制作出这么精致的器具的。同时，我们也可以看出这种器具在古人的日常生活中所起到的重要作用，以至于他们花费很大的精力去制作一套石磨盘和石磨棒。

石磨盘与石磨棒是如何使用的，是用来加工什么的呢？著名考古学家梁思永先生认为，石磨盘和石磨棒是加工谷物的工具。1930年10月，他在结束黑龙江昂昂溪遗址的发掘之后，路过通辽在热河做考古调查，在林西遗址采集到1件石磨盘和4件石磨棒。他认为磨盘、磨棒组合使用是毫无疑问的，并转引美国考古学家喀乙德论证磨盘、磨棒功能所用的民族志资料："在何卑家里最使人感觉兴味的是屋里地上石砌的槽里斜放着一排三块或更多的石片，这就是他们的磨盘。这些磨盘还附带有长形磨棒，研磨时磨棒在磨面上由上往下推。有时三个人同时协作，第一个在较粗的盘上将玉米磨成粗粉；第二个较细的磨得稍微细点，第三个更细一点。"这种观点在以后的研究中很流行。石兴邦先生对磨盘、磨棒进行谷物脱壳磨粉的功能提出疑问，认为我们发现的石磨盘、石磨棒和带锯齿牙的石镰，应该是采集经济的反映，并指出在旧石器晚期到新石器早期发现的这种工具，是在农业发达之前，人们用于磨制采集来的植物种子和果实的工具。后来增多的考古资料证明了石先生观点的合理性。加之近些年科技手段的进步，我们通过对石磨盘表面提取的物质进行淀粉粒分析以及对磨盘表面的微痕分析，表明石磨盘可能不仅仅只是用来加工谷物，也有证据显示是用来加工块茎类植物的。其表面不仅仅只有一种植物的残留，裴李岗石磨盘上发现的植物种类有橡子、薏苡属以及根茎类植物。吉县柿子滩发现的磨盘、磨棒主要用于野生谷类、块茎和坚果加工，还兼用作研磨和饰品的加工制作。

由此，我们可以得出石磨盘存在一器多用的情况。那么石磨盘又是如何使用的？民族学资料为我们提供了启示，石磨盘是放置在皮革上或竹编的器皿中来使用的，这样一是防止石磨盘在使用时滑走，四足使石磨盘在使用时更加牢固；二是防止加工好的谷物落到地上，方便收拾。

石磨盘还有一个特殊的用途，那就是作为随葬品，放置在墓中。人们为什么要把石磨盘和石磨棒放置在墓中呢？根据考古资料推测，石磨盘、石磨棒在裴李岗文化中是一种重要的生产工具，在当时的经济生活中扮演重要的角色。当时的人在死后也舍不得丢弃原来使用的工具。考古发掘也发现这些埋有石磨盘和石磨棒的墓葬一般都是女性墓，说明在那时存在初步的社会分工。但是，对于石磨盘、石磨棒的研究我们不能一概而论，因为石磨盘、石磨棒发现的地域之广，延续时间之长，而且存在一器多用的现象，因此，我们要具体到每个遗址，结合遗址情况具体问题具体分析。

石磨盘与石磨棒的价值与意义

裴李岗文化石磨盘、石磨棒的发现，首先向我们展示了当时的石器制作水平已经达到了很高的程度。石磨盘作为食物的加工工具，说明人们已经走出茹毛饮血的时代，开始了食物的生产加工，这对于保证身体的营养健康具有重要作用。他们不断地积累经验，促使原始的农业发展，为后来中国农业文明的辉煌奠定了早期基础。裴李岗先民也把石磨盘和石磨棒作为随葬品，这又赋予了这种工具一种新的文化内涵。

010 笛声从远古响起

国家宝藏

骨笛

年　代：贾湖文化，距今约 7000—5800 年

尺　寸：长 24.6 厘米

材　质：骨

出土地：1986 年河南省舞阳县贾湖遗址出土

收藏地：河南博物院

【引言】说到贾湖骨笛，不得不提到著名考古学家张居中。张先生是贾湖骨笛的发现者、研究者。正是他带领考古队员长达四年的发掘才使得贾湖骨笛得以重现天日，才让我们能够聆听来自远古的笛声。

贾湖骨笛横空出世

胡辣汤是河南有名的特色小吃，不同种类的食物完美地调和到一起，衍生出一种新的美味。说到胡辣汤，我们首先想到的是逍遥镇胡辣汤，其实在河南还有一个地方的胡辣汤很出名，那就是舞阳县的北舞渡镇。举世闻名的贾湖骨笛出土地就是北舞渡镇下辖的贾湖村。贾湖遗址早在20世纪60年代就已经被发现。1961年，舞阳县文化馆的文物专干朱帜被下放到今北舞渡镇贾湖村劳动，他劳动之余，在村东的沟坎、井壁上发现了陶片、人骨和红烧土颗粒，遂确认这是一处新石器时代遗址。18年后的1979年，贾湖村修筑水坝，破坏了遗址的主体。村小学师生在取土坑开荒种地时发现了石铲和陶壶，这些文物由学校的老师贾建国等上交给了县文化馆。这些文物再次引起了朱帜先生的注意，此时正值新郑裴李岗遗址发现之初，河南各地随即开展了针对新石器早期遗址的调查工作。以此为契机，1980年，赵世纲先生在许昌得知贾湖遗址的新发现后随即前往调查，经调查，确认贾湖遗址是一处裴李岗文化遗址。1983年，贾湖村民要求在遗址西侧规划宅基地，为了配合此次工作及进一步了解贾湖遗址的内涵，河南省文物研究所派专人对贾湖遗址进行试掘。此次试掘发现窖穴、墓葬以及石、骨、陶等器物。从1983年到1987年，贾湖遗址先后经历了六次发掘。其中的第二次至第六次发掘就是由张居中主持的。在1986年3月到6月的第四次发掘中，考古队首次确认了3支七孔骨笛。这是贾湖骨笛的第一次横空出世。此外，在贾湖遗址中还发现了具有原始文字性质的刻划符号、世界上最早的含酒精的饮料、中国最早的家猪和具有驯化特征的稻米等。

墓葬主人的心爱之物

贾湖遗址墓葬中共发现30多支骨笛，其中前六次出土25件，完整者17件、残器6件、半成品2件，其中可以复原或大致复原者11件。在这25件骨笛中，有22件出土于墓葬中，1支半成品发现于窖穴，2支残器在地层中发现。其中有7座墓随葬2支骨笛，其余均随葬1支。骨笛在墓葬中放置的位置是较为固定的，均放置在死者下半身，刚好是手容易拿到的位置。

随葬骨笛的墓主人，以男性墓多见，有13座男性墓，均为成年男性，只有一座是30岁左右的成年女性墓。

收藏在河南博物院的这支骨笛出自贾湖M282，该墓是贾湖遗址中当之无愧的大墓，墓内有两个个体的人骨，甲位于墓底正中，身首异处，头骨和躯体脱离，面向西北方向，下颌骨位于骨架西0.3米处，颈椎散乱，左肱骨稍向下错位，右肱骨上端向外错位稍呈倾斜状，两小臂交叉置于骨盆上，下肢保存完好，在甲的胸部是另一个体的右边下颌骨，即乙。经鉴定，甲为35岁左右的男性，乙为45岁以上的男性。该墓共出土随葬品60件，有陶器、骨器、石器、牙器等。其中出土了两件骨笛，放置在墓主左股骨内外两侧。分别编号为M282-20和M282-21。展出的这件是M282-21，这件骨笛出土时置于墓主人左股骨外侧，出土时断为三截。经过细致观察后发现，这件骨笛并非入土后断裂，而是在墓主生前已经折断，可能是出于某次意外事故。即使已经断为三截，墓主人仍然不忍心丢弃，而是在两处断茬处钻了14个小孔，用细线精心缀合后继续使用。在当时的生产技术条件下，想要制作出一支骨笛，并非易事。这一方面说明骨笛制作的难度之大，另一方面也说明墓主人对他生前所使用的这支骨笛的珍视程度，或许这件笛子，伴随他走过很多年，是他的心爱之物。

另外，据发掘者研究，该墓出土的另外一支笛子是这件笛子的“克隆”版。理由是，这支笛子在折断后继续使用；这两支笛子的绝对音高只差不到两分；这件笛子较另外一件相对质朴，体现在音阶上；最后是另一支笛子上有试音孔，应该是根据这支笛子制作留下的。由此可见这支笛子的重要性，可以说这件笛子可能是所有贾湖骨笛的“祖先”。

该墓是一座合葬墓，而且经鉴定这两位墓主人均为男性，墓内又出土了两件骨笛。经过观察，考古工作者发现墓内甲的肢骨保存相对完好，虽然有一定的错乱，但不是十分严重；乙只发现下颌骨，而且鉴定的结果是乙的年龄比甲大。加上骨笛的出土位置来看，这两件骨笛的主人应该是甲。至于乙的下颌骨为何在甲的墓里发现，这其中具体的原因我们不得而知。

当之无愧的“中华第一笛”

经古生物学家鉴定，贾湖骨笛是用鹤类动物的尺骨钻孔制成的。其制作方法和过程，据研究，和现代民族管乐器很相似。研究发现，贾湖人已经有了音差的基本概念，故此，在笛子制成后会运用打小孔的方式调整个别音孔的音差，反映了当时的音律水平和计算水平。

贾湖骨笛的发现具有十分深远的意义，其数量之多、制作之精美、年代之久远让观者无不感到惊叹，并深深地被七八千年前古人精湛的技术所折服。

中国科技大学教授、骨笛的发现者张居中教授这么评价到：贾湖骨笛是中国目前出土的年代最早的乐器实物，被称为“中华第一笛”。贾湖骨笛不只是中国年代最早的乐器实物，更被认为是世界上最早的可吹奏的乐器。

实验证明，贾湖骨笛不仅能够演奏传统的五声或七声调乐曲，而且能够演奏变化多样的乐曲。它的出土改写了中国音乐史，刷新了我们以往的认识，其价值和意义无法比拟。贾湖骨笛自从发现以来，引起了国内外学界的广泛关注。为了纪念这一重要的考古发现，其发现被铭刻在北京“中华世纪坛”青铜甬道的显要位置。这是对贾湖骨笛最为充分的肯定，它是我们祖先的一个伟大的发明创造。

011 黄河文明的序章

人头形器口彩陶瓶

年　代：仰韶文化马家窑类型前期，距今 5900—5500 年
尺　寸：高 31.8 厘米，口径 4.5 厘米，底径 6.8 厘米
材　质：陶
出土地：1973 年甘肃省秦安县邵店村大地湾遗址出土
收藏地：甘肃省博物馆

【引言】地处黄河上游的甘肃省，应该是中国境内彩陶发现最多的省份。从较早的大地湾文化到马家窑文化都发现了数量惊人的彩陶制品。在其他地区彩陶艺术衰落之后，甘肃的彩陶仍旧相当繁荣，一枝独秀。毫不夸张地说，甘肃是彩陶之乡。甘肃省博物馆“甘肃彩陶”这一展厅，为观众展示了一件人头形器口彩陶瓶，那肃穆的面容把我们带到了五千年前的远古时期。

清水河畔的大地湾

大地湾遗址位于甘肃省秦安县城东北45千米的五营乡邵店村东南。文化遗存主要分布在清水河南岸的二、三级阶地以及相接的缓坡山地上，分为山地和河边阶地两部分，总面积达110万平方米。在遗址附近有一条清水河自东向西流过遗址所在的五营乡。河两岸的河谷地带分布着丰富的文化遗存，仰韶文化遗址就有10多处，大地湾遗址是目前所见最大的一处。五营乡附近的河谷地带宽为800～1000米，南岸阶地较北岸阶地宽，达到500～600米。这种临河、地势又开阔平坦的地方，很适合古人选址居住。因此，大地湾成为仰韶文化在该区域的一个中心型大聚落，与其优越的地理位置关系密切。

大地湾遗址文化堆积十分丰富，从大地湾一期（老官台文化）一直延续到仰韶晚期，前后共经历了2000年的发展历程。发掘者把大地湾遗址分为五期，第一期为老官台文化时期，距今在7800—7300年；第二期为仰韶文化早期，大约距今6500—5500年；第三期为仰韶文化中期，距今大约在5900—5500年；第四期为仰韶文化晚期，这个时期的文化遗存最为丰富，距今5500—4900年；第五期的年代和常山下层的年代相近，大约距今4900—4800年。

大地湾的女神形象

甘肃省博物馆所藏的人头形器口彩陶瓶，因为发现年代较早，当时的认识还不十分明确。1978年，甘肃省博物馆又对发现这件彩陶瓶的大地湾遗址进行了调查和发掘。据了解，这件人头形器口彩陶瓶出土于遗址菜子台区居住址的东部，菜子台居住址经发掘，包含半坡、庙底沟、石岭下文化遗存。因此，这件彩陶瓶的相对年代得以确定。再结合其瓶身所绘纹饰的风格，我们推测，这件彩陶瓶属于大地湾遗址第三期的遗存，距今5900—5500年。

陶瓶为细泥红陶，含有少量的白色细砂，器表打磨光滑，自腹部往下饰浅淡的红色陶衣，器形为两头尖中间鼓的圆柱体，下腹部内收成小平底。双腹耳已残。陶瓶上腹破裂，经古人黏结起来，可见在当时制作这么一件精美的物品是不容易的，所以即使破了古人也十分珍视，进行修复。陶瓶器口做成圆雕的人头像，人头形象塑造得细致生动，连人的发式也刻画得很具体，左右和头后都是披发，前边留着齐刘海。鼻为蒜头形，眼鼻都镂空成孔洞，显得目光深邃，给人以神秘感。嘴微张，似成说话状。两耳中一耳残，均有孔洞，应为某种垂坠装饰品。头顶有一圆孔，有一定的实用性，说明这件陶瓶兼具实用性和艺术性。器身上的纹饰，自上向下分为三层，由弧边三角纹填充，形成富有变化的图案。整件器物的装饰融为一体，器腹部的装饰像是这位女性所穿衣服上的图案，与人头像协调一致，给人一种轻快明亮的感觉。

这件陶瓶所展现的是一位落落大方的美女形象，体现了先民高超的艺术水平，它是先民对现实生活细致观察后进行的艺术再现。它把人的形象融于器物上，惟妙惟肖，成为一件集彩陶艺术和雕塑艺术为一体的杰作。

人头形器口彩陶瓶局部

彩陶艺术中的女神文化

除了大地湾遗址，同处秦安的寺嘴村，在1975年平整土地时也发现一件人头形器口红陶瓶。瓶身为泥质红陶，器表施一层橙黄色陶衣，表面略加打磨。该瓶的瓶口为陶塑人头，雕塑的手法简朴，造型单纯。头顶上有一孔，额上部有一层堆起的泥条，以表示头发。眼睛是镂空的小圆孔，在圆孔外有一圈凸起的泥条，以突出眼睛。鼻子呈三角体，塑法简单，无鼻孔。嘴是刻成的凹洞，略微张开。两耳有小孔，用于垂系饰物。从出土的另外两件器物看，这件彩陶制作时期与大地湾的年代相当。

另外，在甘南藏族自治州卓尼县木耳乡冰厓村附近，也发现一件人头形器口彩陶瓶。为泥质红陶，绘黑彩，口径6厘米、底径7厘米、通高24厘米。人面采用刻、塑相结合的手法。器口剔成篦纹状垂发，填以黑彩。眉骨平直而隆起，鼻为三角倒锥形。两眼镂空，孔洞向下弯曲，口部也是孔洞，两头上翘。两耳戳压出两个链接的凹坑。下腹部为几何纹样的彩绘。彩陶面塑一位少女形象，其面部表情刻画丰富，展现出祥和喜乐的神情。从其总体的风格来看，这件和大地湾出土的人头形彩陶瓶基本同时。这三件作品中大地湾的制作最为精致，器形瘦高，表现一位亭亭玉立的少女；冰厓村发现的这件表情丰富，器形圆润，展现出另外一种风格；寺嘴村发现的那件，相对简单，制作也较为粗糙。

这种人头形器口陶瓶发现的不多，在大地湾遗址仅发现一件，而且从出土的背景来看，这件器物可能出土于房址内。这说明这件器物可能是一件模仿祖先形象创造出来的器物，摆放在房址内供人们纪念和拜谒。这件陶瓶可能是大地湾人祖先崇拜观念的一种具体体现。陶瓶所展示出的制作工艺水平，说明当时的物质生产水平已经有了很大进步，也反映出大地湾人独到的审美情趣。

012 稻作文化的艺术魅力

国家宝藏

双鸟朝阳纹牙雕

年　代：河姆渡文化，距今 7000—5300 年

尺　寸：长 16.6 厘米，残宽 6.3 厘米，厚 1.2 厘米

材　质：象牙

出土地：1977 年浙江省余姚市河姆渡遗址出土

收藏地：浙江省博物馆

【引言】20 世纪 70 年代河姆渡遗址的横空出世，给当时的考古学界以耳目一新之感。成组的干栏式建筑、大量的水稻遗存，为我们打开了另外一扇窗，让我们看到了在江南水乡别样的稻作文化遗迹，在中华文明史上写下了浓墨重彩的一笔。在河姆渡出土了多件象牙雕器物，其中最具代表性的是一件精美的象牙双鸟纹雕刻品，现藏于浙江省博物馆，是该馆的镇馆之宝之一。

揭开稻作文化的神秘面纱

河姆渡遗址位于杭州湾南岸的宁绍平原东部，四明山区北麓和慈溪南部山地之间的峡岗型海积平原。西距余姚市区24千米，东距宁波市25千米。遗址分布范围东西长宽均在200多米，总面积约5万平方米左右，保存情况良好。遗址地势低平，地表平均海拔为1.1米左右。

1973年夏，当地在遗址西北角的姚江边建造排涝站，在挖掘排涝设备的坑基时，在距地表3米多的层位发现了一批骨器、石器和黑色陶器以及大量的动物遗骸。这引起了当地有关部门的重视，停工报告给了当地文物部门等候处理。随后，浙江省博物馆派工作人员和当地的工作人员对遗址进行复查，嗣后进行了试掘工作，发现了一批有别于其他遗址的遗物。同年11月到1974年1月，为配合当地五金厂扩建工程，有关部门对河姆渡遗址进行了第一次正式发掘，发掘面积700平方米，发现了大量的遗迹遗物，尤其是带有榫卯结构的木建筑遗迹的发

双鸟朝阳纹牙雕局部

现，具有重大意义。在1977年到1979年，专家又进行了第二次发掘，进一步丰富了河姆渡遗址的文化内涵，补充了许多重要的资料。21世纪初，河姆渡遗址被评为中国20世纪100项考古大发现之一。

河姆渡遗址因为地处东南沿海，地下水位较高，保存了丰富的有机质遗存，如干栏式建筑，结构清晰，布局严谨，为我们了解当时人们的居住生活提供了重要资料。尤其在河姆渡遗址下层，普遍发现有稻谷、稻壳、稻秆、稻叶和其他禾本科植物混在一起的堆积层，平均厚度约四五十厘米，保存完好，稻壳、稻叶等不失原有外形，色泽鲜黄，有的稻谷连稃毛都清晰可辨。经鉴定，它们属栽培稻中的晚籼稻，这是目前世界上已知年代最早的栽培稻，说明当时中国长江流域及以南地区的原始居民，已经掌握了水稻种植技术，有力地说明中国是世界上栽培稻的起源地之一。而且遗址中出土富有特色的骨耜共99件，说明当时已处于耜耕农业阶段；更重要的是，它对中国农业文明的产生和发展有举足轻重的影响。

双鸟朝阳的文化内涵

在河姆渡遗址，考古工作者还发现了大量的骨、牙器。其中有一种十分奇特的器物，报告中称为蝶形器，在河姆渡遗址发现了不同种类的此类器物，共计35件，有石质、骨质、木质三类。其中一件标本编号为T226③B:79的器物可以说是精品中的精品。该件器物正面刻有连体双鸟太阳纹，上下部均已残损，两角圆弧，正面磨光后阴刻图案一组，中心钻一小圆窝为圆心，外刻同心圆纹五周，圆外上半部刻“火焰”纹，似象征烈日火焰，两侧各刻对称的回头望顾的鹰嘴形鸟各一。鸟头中心钻有小圆窝为眼睛，鸟头上部两侧各钻有不等的小圆孔两个，下侧各钻有小圆孔一个，小圆孔和斜线共同组成连弧图案，背面制作较粗糙。可见，这件器物在使用中是有方向的，把刻划有纹饰的这面朝向观者。

河姆渡遗址发现的这件双鸟朝阳纹器物是河姆渡人精湛技术工艺的反映。当时的人们切取象牙后，磨制出雏形，然后用尖锐的工具进行雕刻，雕刻的线条流畅生动，动感十足，给人以美的享受。

那么这种器物是做何用的，一直以来困扰着研究者们，直到现在还没有形成一个确定性的认识。比较有代表性的观点是王仁湘先生的“定向器”说：以白令海峡两岸的阿拉斯加和楚科奇地区发现的古代因纽特人制作的“有翼形骨器”为参考，认为两者有异曲同工之妙，蝶形器应是用于镖枪在飞行过程中的定向和平衡，提高命中率。宋兆麟先生认为蝶形器是配合木杆使用的作为干栏式建筑的配饰来用。这些提法对我们认识这种器物的用途有所启示。但是，蝶形器有不同的材质，而且制作的简易程度也不相同，因此我们认为不同材质的蝶形器可能有不同的用途。就这件雕刻双鸟朝阳图案的蝶形器而言，显然可能不是一件实用器，应该是在某些特殊场合使用的一件器物。这件器物是河姆渡文化的标志性器物，是一件难得的艺术珍品。

河姆渡遗址发现的这件双鸟朝阳牙雕，对后世产生了深远的影响，开创了此类雕刻艺术的先河。最近，王仁湘先生指出，良渚的微刻技艺都是阳刻与阴刻相结合的技法。这种“阴加阳”的艺术构图传统，线条细密构图严谨，工艺异常精湛。王先生发现这种“阴加阳”的艺术构图传统，是承自比其更早的崧泽文化与河姆渡文化。如果我们把这件雕刻器和良渚玉器上的雕刻图案进行比对，会发现其在雕刻技法、构图上都有相似之处。

因此我们可以说，以河姆渡遗址发现的这件双鸟朝阳纹牙雕器为代表的这个时代的艺术形式，开创了微刻技艺的先河，为良渚人在玉器上进行微刻奠定了基础，提供了技术保障。从文化传承的角度看，河姆渡文化对后来的崧泽文化、良渚文化的产生和发展都有很大的影响。

013

白鹿原下的古村落

人面鱼纹彩陶盆

年　代：仰韶文化半坡类型，距今 6800—6300 年
尺　寸：口径 39.8 厘米，高 16.5 厘米
材　质：陶
出土地：1955 年陕西省西安市半坡遗址出土
收藏地：中国国家博物馆

【引言】我们很多人对仰韶文化的认识，可能都是来自陕西西安半坡遗址的人面鱼纹彩陶盆。半坡遗址是中国完整揭露的一处史前聚落，发现了很多重要的遗迹和遗物。其中，鱼纹彩陶盆是最为耀眼的一颗明星，巧妙地把人面和鱼纹组合起来，形成新的图案，显示了当时人们独特的构思和艺术想象力。

新石器时代村落遗址的代表

陕西是中华文明的发祥地之一。这片土地孕育了辉煌灿烂的古代文明。尤其是关中盆地，是一个东西狭长、南北窄的地理单元，地理环境相对封闭，境内有渭河自西向东流过，水源充沛，土壤肥沃。西安半坡遗址就坐落在渭河支流浐河边的二级阶地上，离现在的河床800米左右，高于河床约9米。遗址西到西安6千米，东南倚白鹿原，附近河渠纵横，阡陌相连，是西安富庶的地方之一。遗址在1953年由西北文物清理队发现。1954年到1957年间，中国科学院考古研究所等单位前后共进行了五次发掘。总计发掘面积1万平方米左右。该遗址是中华人民共和国成立后，唯一一处采取大面积揭露法完整发掘的遗址，对于认识当时的聚落布局意义重大。半坡遗址共发现完整的房屋遗迹40多处，各种墓葬200多座，获得生产工具和生活用具近万件。这些遗迹和遗物，对于我们认识半坡人的生活面貌提供了很重要的资料。

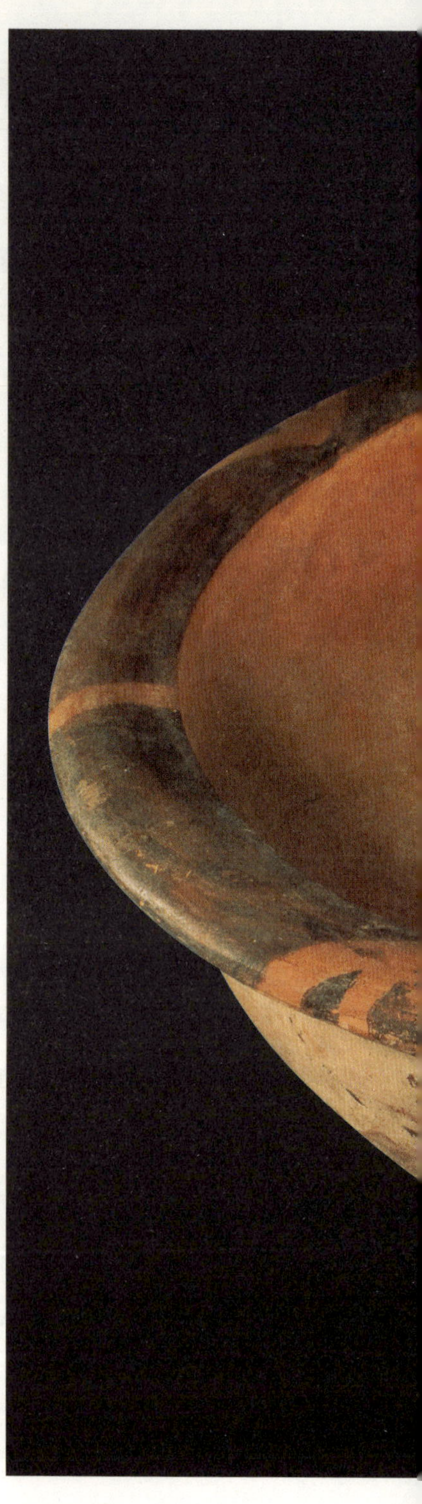

绘制神秘图案的陶盆

就遗物而言，人面鱼纹彩陶盆是最为重要的一个发现。目前收藏在中国国家博物馆的这件彩陶盆，为泥质红陶，平折沿，方圆唇，腹部较弧，底部呈平底状。口沿处绘间断黑彩带，内壁以黑彩绘出两组对称的人面鱼纹。人面部呈圆形，十分规则。头顶有似发髻的尖状物和鱼鳍形的装饰物。前额右半部涂黑，左半部为黑色半弧形。眼睛细而平直，似闭目状。鼻梁挺直，成倒立的“T”字形。嘴巴左右两侧各有一条变形的鱼纹，鱼头部呈三角状，在人面的两腮，像是人口中同时衔着两条大鱼。另外，在人面双耳部位也有相对的两条小鱼，分列两侧，构成了人鱼合体图案。在两个人面之间，有两条大鱼做相互追逐状。整个画面富有动感，形成了一幅生动的画面。

经过几十年的考古发现，考古工作者充分发现这类器物有一定的分布范围：东到陕西临

人面鱼纹彩陶盆局部

潼，西至宝鸡，北抵铜川，南达汉水流域，主要分布在关中地区和汉中地区。发现人面鱼纹盆的遗址有：西安半坡、临潼姜寨、宝鸡北首岭以及西乡何家湾遗址。这些遗址均是属于仰韶早期的半坡类型。

人面鱼纹的文化内涵

自人面鱼纹盆发现以来，学者们对其内涵的解读从来没有停止过，从各个角度展开了不同的研究，形成了不下10种说法：有图腾说、虫形象说、生命之神象征说、女阴象征说。可以把这些不同的说法大致归为三类：一是图腾说，二是鱼神崇拜说，三是女阴崇拜说。

其中，有些观点已经为大家所熟知，并且多数讨论未能脱离这些观点的范围。如闻一多先生的文章《说鱼》，在文中，闻一多先生梳理了《诗经》《周易》《楚辞》和古诗、民谣及其他材料之后指出，中国人上古以鱼象征女性，是配偶或情侣的隐语。他认为鱼具有超强的生殖力，这与原始人类的生殖崇拜和重视部落人口繁衍的思想直接关联。李泽厚先生在闻一多先生的基础上，把这种祈求生育的观念追溯到了仰韶文化时期。有研究者认为，人面鱼纹是巫师头部形象，圆圆的脑袋上头戴尖顶的发髻，口边和耳边装饰有抽象和具象的鱼纹。这种形象与宗教祭祀中巫师的形象高度吻合，巫师一般头戴礼帽、脸戴面具，增强神秘感。最近，学者林涛根据自己童年的经历，对半坡鱼纹彩陶盆进行了新的解读。他认为人面鱼纹盆上人与鱼所表现的关系相当单纯、质朴。其中人面并不是一个戴着面具的巫师形象，而是一个少年，一个在玩水、在和鱼嬉戏、在把头深入水中享受小鱼“亲吻”的快乐少年形象。他还发现这些人面除了少数是圆圆的眼睛，大部分都是紧闭双眼，呈陶醉状，这是一种对美的体验和传达，是一种早期最为单纯的审美活动。

不管怎么说，半坡人在陶盆中绘制鱼纹和人面，是基于当时的生活观察，经过艺术加工而呈现出来的，与当时人们的生活息息相关。半坡人生活在河谷地带，过着以农业生产为主的定居生活，兼营采集和渔猎，这种装饰是生活的真实写照。

这种人面鱼纹彩陶盆也常常作为埋葬小孩的瓮棺盖来使用，底部往往钻有小孔，说明这种盆除了有实用功能外，可能还是一种特制的葬具。盆内的形象如果是巫师的话，那么他们的作用可能就是给这些死去的儿童招魂，盆底部的小孔是方便小孩的灵魂自由出入的通道。

014 龙文化的具象表现

玉龙

年　代：红山文化，距今 6000—5000 年

尺　寸：高 26 厘米，直径 2.3 ~ 2.9 厘米，孔外径 0.95 厘米，内径 0.3 厘米

材　质：玉

出土地：1971 年内蒙古自治区翁牛特旗赛沁塔拉村出土

收藏地：中国国家博物馆

【引言】我们时常会说："中华民族是龙的传人。"龙是古人想象出来的一种动物，我们为什么会这么说呢？这背后的原因是什么？笔者认为这是我们一种古老记忆的延续，在早期人类的生活中，出于某种需要，他们创造出了这么一个神秘的形象。龙在传统中国文化中，具有十分重要的文化意义。

"中华第一龙"

提到红山文化，我们可能没有什么深刻的印象。但是，我们在生活中经常会看到的华夏银行的标志，一个"C"形龙的形象，其就是取自于红山文化玉龙的形象。玉龙是红山文化最为典型的一个标志之一。

其实在红山文化玉龙发现之初，研究者很难想象这种技艺精湛的玉器是来自三四千年先民的遗作。20世纪80年代之前，我们见到的玉龙多数是采集和征集来的，其主要分布在内蒙古东南部、辽宁省西部和河北省北部。1984年在牛河梁第二地点一号积石冢M4中出土两件玉龙。这是第一次在墓葬中发现玉龙，这也为以往发现的玉龙证明了其真实身份。

在以往的发现中，有一次十分重要。1971年，内蒙古翁牛特旗赛沁塔拉村北山岗上发现一件玉龙。赛沁塔拉村在赤峰市以北100余千米、翁牛特旗所在地乌丹镇西北约10千米处。村北群山环绕，山南是一片开阔平缓的丘陵地，山下有季节性的河沟。玉龙就发现在半山坡上。这件玉龙呈墨绿色，完整无缺。体卷曲，整体呈“C”字形。吻部前伸，略向上弯曲，嘴紧闭。鼻端截平，上端边起锐利的棱线，端面近椭圆形，有对称双圆洞，为鼻孔。双眼凸起呈梭形，前角圆而起棱，眼尾细长上翘。额及颚底皆刻细密的方格网状纹，网格凸起作规整的小菱形。颈脊起长鬣，长21厘米，占龙体的三分之一以上。鬣为扁薄片状，通磨出不显著的浅凹槽，边缘收成锐角，弯曲上卷，末端尖锐。龙体横截面略呈椭圆形，龙尾内卷，龙背上有对钻的单孔，可能为悬挂而作。

红山玉龙的文化价值

虽然在该遗址也采集到了一些红山文化的陶片，但这件玉龙的发现地和遗址原有的地层关系不是十分明确。因此，这件玉龙的年代是一个值得研究的问题。辽宁省文物考古研究所名誉所长孙守道从其形态、雕刻风格、表现手法、加工技术等方面与商文化、二里头文化、夏家店下层文化出土的玉器进行对比，均表现有较大的不同。把这件玉龙和阜新胡头沟红山文化墓地发现的玉器进行对比，发现其有很多相似之处。所以，玉龙的年代和胡头沟墓的年代接近，为红山文化时期。

再把玉龙和赤峰等地的兽形玉雕进行对比，大致能够看出其形态演变的一个规律：头尾之间的距离不断地扩大。因此，这件玉龙的年代在距今大约5000年的红山文化时期。辽宁大学考古系教授张星德由海金山遗址发现勾云形玉器出发，同赛沁塔拉玉龙进行对比，两者的相似性主要表现在：整体做较细的弯勾状，器体剖面做椭圆形，器身施对钻圆孔。他认为二者技术手段和加工工艺相近，其年代也应相距不远。海金山遗址发现较多的陶器，陶器分为夹砂和泥质两种。以泥质陶居多，火候较高，器表光滑，大部分内胎呈灰褐色，器表呈红褐色，有的加一层红陶衣。夹砂陶多呈灰褐色，火候低。陶器的纹饰有压印之字纹、划纹、附加堆纹、锥刺纹、窝点纹和彩陶。把海金山的陶器和西水泉等遗址出土的进行对比，发现其年代在红山文化早期。因此，海金山遗址钩形玉佩及和它有很大相似性的这件赛沁塔拉玉龙的年代在红山文化早期。所以，这件玉龙的年代属于红山文化是靠得住的。

关于玉龙的原形讨论，大家众说纷纭，莫衷一是。有的学者认为是猪龙，有的认为是熊龙，还有鹿龙说、蛇龙说等。还有学者提出复合型动物说，如内蒙古文物考古研究所副研究员陆思贤认为“玉龙作半圆蜷曲状，昂首前视，长吻抿嘴，鼻端截平，躯干蜷曲、似蛇形，鼻子像猪，眼睛像牛，下腮似蛇，突出的是颈，背部像是马鬃，应该是复合动物形象，是人们创造的神话动物”。陆思贤先生认为，这种龙形象，非一般的动物，为了保持其神性，应该是红山先民根据对各种动物的观察，创造出来的一种复合的形象。

商代甲骨文中龙字和妇好墓中出土的玉龙都显示，龙是一种巨头、有角、大口、曲身的神兽。在中国新石器时代的文化中各个地区都发现了符合这种特征的龙的形象，如红山文化的蜷曲形龙、凌家滩遗址出土的玉龙、湖北天门肖家屋脊等的玉龙。这些可能都是原始的龙的形态，可见龙的形象从史前一直延续到了今天，成为中华民族的象征。

以赛沁塔拉玉龙为代表的红山文化玉龙，是东北地区史前先民精湛治玉工艺的体现，是他们留给后世的一笔宝贵财富，也是东北先民文化精神的物化形式，是当时人们神话思维的精神载体，思想愿望的象征形式，巫术思想的外在表现。

015 探索汉字的起源

刻符陶尊

年　代：大汶口文化，距今 6500—4000 年
尺　寸：高 59 厘米，口径 38 厘米，底径 8.5 厘米
材　质：陶
出土地：1979 年山东省莒县陵阳河出土
收藏地：中国国家博物馆

【引言】我们都知道龙山文化，龙山文化的命名得益于山东章丘龙山镇城子崖遗址的发掘。那么在山东地区比龙山文化更早的文化是什么？在 20 世纪 30 年代到 50 年代我们是不清楚的。直到 20 世纪 50 年代末，大汶口遗址的发掘，让人发现了不同于以往认识的仰韶、龙山文化遗存，加之在随后其他遗址的发掘，确认了大汶口文化早于龙山文化的层位。大汶口人创造了丰富的文化，人们在陶尊上还发现了刻符，对于我们探讨汉字的起源意义重大。

大汶口文化的命名

大汶口文化是一支文化十分发达、延续时间很长的史前文化，其主要分布地域包括山东大部、苏北、皖北等地，其影响的范围很广，在河南西部、辽东半岛都可见到大汶口文化的因素。最早发现的两处大汶口文化遗址是新沂花厅和滕州岗上。1952年12月，南京博物院曾对花厅遗址进行过调查并试掘，清理了一座墓葬。1963年又成立工作队到花厅遗址发掘，发现并清理墓葬20座，出土各类文物300余件。限于当时认识的局限性，专家并没有分辨出这类遗存，而是和当时的青莲岗文化联系起来，错失了一个命名文化的机会。岗上

遗址未能识别出大汶口文化，是因为当时调查时人们发现了彩陶，认为这是仰韶文化在山东的一个类型。直到20世纪60年代，曲阜西夏侯遗址的发掘，发现了龙山文化叠压打破大汶口文化的地层关系，并发现了丰富的大汶口文化遗存。在此基础上，专家正式提出了大汶口文化的命名，后被学界广泛采纳，至此，大汶口文化的研究步入了正轨。在随后的几十年，学者们围绕大汶口文化的分布范围、类型划分、社会发展状况等方面进行了深入研究。

刻符陶尊的发现

大汶口文化从早期到晚期延续了2000多年，考古工作者经常会在大汶口文化晚期的一种大口陶尊的器物的上腹部发现有刻划图案，并且在刻后进行涂朱。大口陶尊的器形很大，一般口径在30～40厘米，通高在60～70厘米。目前发现的在陶尊上刻划图案的遗址有陵阳河、大朱家村、前寨、日照尧王城、蒙城尉迟寺等，从发现的地域来看，主要分布在鲁东南的日照地区。蒙城尉迟寺遗址与日照地区相去几百里，发现的符号和日照地区一致，说明有这种符号的器物分布在一个广泛的区域内，是大家所共同认同的，彼此之间知道符号所代表的具体含义。日照地区发现的刻符陶尊较为集中，而且数量多，说明这里是一处文化中心区域。刻符陶尊多竖立于墓主人的脚端，刻划符号朝向墓主人。这些刻划符号目前已发现30余个，可分为8类，其象形元素主要包括日、月、山、树、钺、锛、王冠等。

中国国家博物馆藏的这件大口陶尊形体较大，夹砂陶，筒形深腹、厚壁、尖底，器表饰篮纹。外壁靠近口沿处刻有一个符号，仿佛是在一座山上矗立着一棵大树，具有抽象与写实的双重特点。

对刻符的文化解读

关于这些陶尊刻符的研究，主要争论的焦点是这些符号是不是汉字。一种

陶尊上的刻符

观点认为，是汉字。持此观点的学者有于省吾、唐兰、李学勤、裘锡圭等。唐兰先生认为这种文字已经规格化，并且出现了简体字，已是很进步的文字。有些学者还对这些刻符进行隶定，其中意见较为统一的是“斤”“戉”两字，对于其他的认定分歧较大。杜金鹏先生则将发现的8种图像分为礼兵、族徽和羽冠3类，并在其他研究者的基础上，进一步认为羽冠类图像是“皇”字的初文。用栾丰实先生的话说：“这一发现是大汶口文化陶文研究中的一个突破性进展，对中国文明起源的研究意义重大。”

另有部分学者认为，这些刻符不是文字，以汪宁生先生为代表。他认为这些图像“属于图画记事性质”，和真正的文字表音、能够记录语音的符号不同。这些图形是“作器者一种氏族标记”。另外，王恒杰先生也认为，大汶口陶尊上的符号是图像而非文字。

那么，大汶口人为何要在体型如此硕大的陶尊上刻划基本相同的符号？除了大口陶尊之外的其他器物上均未发现。邵望平先生认为，这种陶尊不仅形体硕大出众，并且“这种大型陶尊似乎总与社会上受尊敬者、富人或权贵结有不解之缘。陶尊并非日常生活用具，可能与死者生前的地位有关，更可能与祭祀有关，是一种礼器”。关于其功能和用途，有祭祀说、王权象征说、族徽说等。

笔者认为，这些刻划在大口陶尊上的图案应该就是文字。首先，这种符号有一定的分布范围，而且所使用的载体都很固定；其次，在每一件大口陶尊上刻划的图案有相同的，说明这种符号在这个分布范围内，人们是认识的，大家都知道其要表达的意思。从这两点来分析，我们认为大口陶尊上的刻划符号就是来自远古的文字。

当然，对这些大口陶尊上刻划符号的研究，我们不应该仅仅局限于符号本身，应该同时结合每个遗址所处的自然环境，如发现的“日、月、山”形图案很有可能就是当时人们对当地自然环境经过长期观察后的一种图像化的表现，可能是他们对于天象、昼夜交替现象的一种认识的反映。我们还应该结合当时的社会历史背景进行系统研究，以求对这些神秘的刻划符号有个更为接近实际的认识。

总之，大汶口文化的陶尊刻符，发现的数量之多、分布范围之广、图像内容之丰富，在史前是较为罕见的。这对于我们理解大汶口文化，走进当时人们的精神世界打开了一扇窗户，吸引我们不断地去探索去追问。

016 中华五千年文明史的实证

国家宝藏

三叉形器

年　代：良渚文化，距今5300—4500年
尺　寸：高4.8厘米，宽8.5厘米
材　质：玉
出土地：1987年浙江省杭州市余杭区良渚镇瑶山7号墓出土
收藏地：中国国家博物馆

【引言】良渚文化是中国史前文化中治玉水平最高的文明，无出其右者。不仅仅是制作工艺先进，其雕刻技术也是十分发达，在1毫米见方，能雕刻出4到5根线条。玉器的种类异常丰富，有琮、钺、冠状饰、璧、锥形器等。在这些器物中，最为特别的是三叉形器，目前仅发现于良渚文化当中。

神王之国——良渚

良渚文化是中国新石器时代早期确认的文化之一。自1936年西湖博物馆的施昕更先生发现以来，良渚文化的发现与研究已经走过了80多年的历程。

良渚文化的核心分布区——长江下游环太湖流域，位于北纬30°—32°、东经119°10'—121°55'之间，与世界古代著名的文明发源地所处的纬度大致相当。环太湖流域，西依茅山和天目山山地，北、南分别以长江和钱塘江为界，东濒东海，总面积约3.65万平方千米，这里依山傍水，土地肥沃，河流纵横，湖泊星罗棋布，非常适宜人类的生存繁衍。

良渚古城遗址是整个良渚文化的核心，是良渚文明的都城，它与良渚玉器等一同构成良渚文明最具代表性的物质遗存。良渚古城遗址位于浙江杭州市余杭区，处于一处面积达1000平方千米的“C”形盆地北部。古城南北分别峙立着大遮山和大雄山两座天目山余脉，西部散布着一系列低矮山丘，这三处山体均距古城约2千米，向东则是敞开的平原，总体有一种以山为郭之感。发源于天目山脉的东苕溪，自西南向东北蜿蜒流过，最终向北注入太湖。可见，古城所在的区域有着广阔的腹地、优越的自然环境，由此带来了丰富的资源和便利的交通条件。

自2007年良渚古城发现和确认之后，经过七八年不间断地考古发掘、调查和勘探，良渚古城的结构布局和格局演变清晰地呈现在人们面前。良渚古城的核心区可分三重，最中心为面积约30万平方米的莫角山宫殿区，其外分别为面积约300万平方米的城墙和面积约800万平方米的外郭，堆筑高度也由内而外逐次降低，显示出明显的等级差异。同时古城北部和西北部还分布着规模宏大的水利系统和与天文观象测年有关的瑶山、汇观山祭坛，在古城外围也存在着广阔的郊区。良渚古城核心区、水利系统、外围郊区总占地面积达到100平方千米，规模极为宏大。整个城市系统的布局与山形水势充分契合，显示了良渚先民在规划古城之时视野之广阔。

玉三叉形器的发现

在良渚文化发现50周年之际，浙江省的考古工作者在反山遗址发现了良渚文化贵族墓地，这是良渚文化发现以来最具影响的考古成果之一，在这些贵族大墓中发现了很多精美的玉器，引起了研究者们研究史前玉器的高潮，在随后的几十年时间里，良渚玉器的研究一直是良渚文化研究的一个热点。

在这些精美的玉器当中，就要造型特殊的三叉形器，或称为“山形器”，人们对这种形制特殊的玉器一无所知。在红山文化发掘中，共发现5件三叉形器，分别出自南列的M12、M14、M16、M17和北列的M20，一般与玉钺同出，放置在墓主头部。在瑶山贵族墓地发现7件三叉形器，分别是M3、M10、M9、M7、M12、M2、M8。出土的位置也大致在墓主头部。在浙江桐乡普安桥遗址M11中发现一件三叉形器。

从出土的地点来看，这些三叉形器主要在良渚遗址群内，这一带是良渚文化的核心区域。另外，在嘉兴地区也发现一件。其他良渚文化的分布区域至今未见到此类玉器出土。目前发现三叉形器的反山、瑶山、汇观山，这几处遗址都是良渚遗址群内埋葬贵族的高等级墓地，而且不是每一座墓都用三叉形器随葬。由此说明，这种玉器是在贵族内部有更高身份地位的人才能随葬的。所以，三叉形器是良渚社会特殊权贵阶层所能使用的有阶层指示特征的玉器。

玉三叉形器的文化内涵

从发现的这些三叉形器在墓中的出土位置来看，一般均位于死者头部，每墓只出一件。这种玉器一般与玉梳背、锥形器和玉钺共出。三叉形器和玉钺是略高于半数高层贵族的配置，这两种器物有必然的对应关系，即有钺就有三叉器，反之亦然。造成这种现象的一个原因是，如在瑶山墓地，根据出土器物并结合其他方面，南排墓地都有玉钺随葬，所以我们认为是男性贵族墓。这些三叉形器均在南排墓内，这就导致了这两类器物的对应关系。一般与三叉形器共出的还有较长的玉管，我们可以看到三叉形器的中间叉有竖向贯孔，两侧叉上有竖孔或横穿，中叉上方与玉长管相接，可以判断三叉和玉长管是组成一种套装器来使用。由此，我们可以推断三叉形器一般是男性贵族所使用的一种配饰。

我们可以看到三叉形器的一般形制是下端呈圆弧状，上端为对称的方柱，中间的方柱与两边的平齐或是低于两端，这或许是时代早晚造成的形制差异。已发现的三叉形器多数没有纹饰，少数正面刻划有纹饰，仅有一件双面都有刻划。

三叉形器纹饰细节

说明这种器物主要注重的是单面的视觉效果，同时也考虑双面的视觉观察。在其正面刻划的纹饰有兽面纹和鸟纹等。如反山M14:135为一件三叉形器。在其正面的中部刻划有神人兽面纹，神人以宝盖头结构刻划代替，兽面纹包括眼部、眼梁、鼻梁、鼻部、嘴部、下肢以及鸟形爪。眼部为重圈，重圈内有三组弧状线分割，椭圆形眼睑，眼睑内填刻划纹饰，纹饰中所填均为椭圆形螺旋线。在左右两叉上刻有两个鸟纹，鸟首内填划圆形螺旋线以及小尖喙，鸟首下有垂囊，内填椭圆形螺旋线，鸟身的纹饰与兽面的重圈眼部特征一致，刻划有羽状鸟尾。这件三叉形器在背面也有纹饰，其可分为两个主题：左右各为一半的重圈眼部以及鼻梁和眼梁，中间的凸块之上部似乎仅为装饰，内填圆形或椭圆形螺旋线和小尖喙组合。下部为鼻部，也可以视为左右双眼和鼻部，其中双眼内为圆形螺旋线刻纹，椭圆形眼睑，之间以绞索状弦纹相连，鼻梁上刻划圆拱纹样，鼻部内填圆螺旋形鼻翼图案。这种复杂的图案刻划技术，并非一般人所能掌握，在那个时代可算是不折不扣的“高科技”。

那么良渚人为何要制作这种形制奇特的器物用于装饰？这些器物让研究者们摸不着头脑。它的原形是什么呢？对此，刘斌先生认为，三叉形器可能是象征神鸟的独立性法器，并提到了三叉形器和鸟的关系，颇有新意。王书敏先生顺此思路，进一步认为鸟在良渚社会有深刻的社会文化属性，是良渚先民崇拜的神灵，三叉形器是由鸟逐渐演变而来。他从外在形态、文化内涵和当地的文化传统三个方面论证三叉形器和鸟的关系，最后指出良渚的三叉形玉器起源于良渚的图腾崇拜神——鸟。它是鸟的化身、鸟的升华，同时也是鸟神性的转移——将鸟的神性转移到三叉形器上。三叉形器借鉴了鸟的形态，也借鉴了鸟的神性。只有良渚社会的权贵阶层才能使用这种带有神性的物品——三叉形器不仅仅是其身份的象征，更是其神性的象征。

独树一帜的良渚玉文化

玉文化是中华文明的重要文化基因之一。在新石器时代，中华民族的先民们充分利用了一种珍贵的材料——玉。红山文化、凌家滩文化和良渚文化是中国玉文化的重要代表。其中良渚文化的玉器数量巨大、种类丰富，在中国史前玉器中独树一帜，是史前玉文化发展的最高峰，具有非常重要的地位，同时也是体现良渚文明的重要因素。

通过对良渚玉器的发现和研究可知，良渚人创造出一套以琮、璧、钺、冠状饰、三叉形器、玉璜、锥形器为代表的玉礼器系统，其中不仅许多玉器上雕刻有神徽图案，而且玉琮、冠状饰、玉钺柄端饰等许多玉礼器的构形都与表现这一神徽有着直接的关系。玉礼器系统及神徽在整个环太湖流域的良渚玉器上表现得极为统一，是维系良渚社会政权组织的主要手段和纽带，显示出良渚文化有着极强的社会凝聚力，且存在统一的神灵信仰。良渚文化的玉器与崧泽文化相比，无论在数量上、体量上、种类上以及雕琢工艺上，都有了很大的发展，似乎有些一夜而就的感觉。这种跳跃式的发展也正是伴随着王权兴起而产生的一种现象。良渚国王和权贵通过一整套标示身份的玉礼器及其背后的礼仪系统，达到对神权的控制，从而完成对王权、军权和财权的垄断。以大量玉礼器随葬的良渚文化的大墓，集中体现了王者的高贵以及男女贵族的分工。良渚文化所创造的玉礼器系统以及君权神授的统治理念，也被后世的中华文明吸收与发展。

017 中国青铜文明的肇始

国家宝藏

铜刀

年　代：马家窑文化，距今 5000—4000 年
尺　寸：长 12.5 厘米，宽 2.4 厘米
材　质：铜
出土地：1975 年甘肃省东乡族自治县林家村出土
收藏地：中国国家博物馆

【引言】铜器的发明在人类文明史上具有重要的意义，改变了传统的工具材质，对于提高生产力水平作用显著。在仰韶文化遗址中就有铜器的发现，但是因为层位关系的问题，学术界对此持谨慎态度。甘肃东乡林家遗址发现的马家窑文化铜刀，是中国目前发现的最早的一件青铜器，对于我们探讨中国早期铜器发展的问题意义重大。

马家窑文化的林家遗址

甘肃东乡林家遗址位于大夏河东岸黄土塬上，从临夏乘车东行约8千米至东

塬乡政府，再往北走2千米就是林家遗址。站在遗址上向西望去，大夏河纵贯东川河谷盆地，蜿蜒北流。林家台地之下就是河流，古人选择在此生活，也是为了取水的方便和有利农业的发展。

1977年至1978年，甘肃省博物馆文物工作队、临夏州文化局、东乡县文化馆共同对林家遗址进行了发掘。在两次发掘期间，开设学习班，培养发掘人员，先后有50名当地的青年参加了学习。他们白天发掘，晚上对资料进行整理。林家遗址两次共发掘了3000平方米，发现马家窑时期房屋遗迹27处，制陶窑址3处，灰坑98个，获取各类遗物3000余件，其中各类工具和生活用具2000多件。遗物以石器为主，骨器次之。此次发掘基本弄清了马家窑文化早、中、晚的堆积关系，为后续研究打下了坚实的基础。同时，在窖穴、房址内的陶器中和灰层里，考古人员发现了大量的稷和少量粟、大麻籽等谷物、油料作物标本。这些资料对于我们认识当时的农业生产提供了翔实的例证。

中国年代最早的青铜器

在林家遗址的考古发掘中还发现了大量的生产工具，其中仅刀就有247件，包括石刀209件、陶刀22件、骨刀15件和最让人惊叹的铜刀1件。

铜刀是在编号为F20的房址中发现的，其房屋结构比较完整，特别是灶保存完好。房屋门道朝向大夏河一边，房址建在生土上，是一座半地穴式房屋。房间都是相互独立，布局分散，强调各自生活的独立性。在发掘现场还发现了大量的骨器，其中有一把骨制匕首，为石骨复合工具；打磨的细石器作为把，动物的肢骨做成刀刃，为双面刃，然后把柄和刃用胶粘合上去。刃部十分锐利，用手一摸都有被刺的感觉。但因其时代久远，无法正常提取，还没拿起来刀把和骨刃就分离了。我们所说的青铜刀，发现在房屋的角落里，刀身布满铜锈。刀由两块范铸而成，刀身厚薄均匀，表面平整，有较厚的灰绿色锈。短柄长刃，刀尖圆钝，微上翘，弧背，刃部前端因使用磨损而凹入。柄端上下内收而较窄，并有明显的镶嵌木把的痕迹。该铜刀经北京钢铁学院冶金研究所检验，认定为含锡的青铜。它是中国目前发现的年代最早的一件青铜器。

更重要的是，在林家遗址编号为H54的灰坑中发现了铜渣，由北京钢铁学院冶金研究所和中国社会科学院考古研究所实验室分别用岩相鉴定和中子活化法分析，证明铜渣不是天然矿石，也非炼铜残渣，而是一块经冶炼但已风化成碎块的含铜铁金属长期锈蚀的遗物。铜渣用中子活化法分析的结果显示：含铜36.50%、锡6.47%、铅3.49%、铁0.41%，酸不溶物占一半以上。此种铜渣在T57第四层中，也发现两块，都因风化而成为碎块。这些证据表明当时已经存在冶铸铜器的活动，说明林家遗址发现的这件铜刀是自己生产的。

由石到铜的历史飞跃

在甘肃境内除了林家遗址，也有许多遗址发现了类似的铜刀。主要分布在河西走廊及洮河流域，时间跨度在公元前3000年至公元前2000年。涉及的遗址除东乡林家，还有马厂文化永登蒋家坪，西城驿文化张掖西城驿二期，四坝文化火烧沟、干骨崖、东灰山，齐家文化皇娘娘台、大何庄、商罐地、杏林、魏家窝子磨沟等。大致可以分为复合型和一体型两类，林家发现的铜刀属于一体型的。

由此可以看出，西北地区的铜刀起步早，形态进步，类型丰富，而且延续的时间长，自成体系。在其发展的过程中对中原地区产生了很大的影响。如果把目光投向遥远的西方，我们可以看到中亚、欧亚草原地带也发现了很多类似的铜刀，这些铜刀与中国西北境内尤其是甘肃地区发现的铜刀是存在密切联系的，相互交流可能也是存在的。

那么这种独特的铜刀为何突然间就出现在中国西北地区？除了来自外界的影响外，在内部也能找到一些因素。甘肃省文物考古研究所研究员郎树德认为东乡林家铜刀与该遗址出土的石刃骨刀非常相似，表明铜刀是仿骨柄石刃刀的形制铸造的。也有学者指出，甘肃临夏魏家台子遗址出土的铜刃骨刀，至少其结构和形态上是源于石刃骨刀。我们知道甘青地区是石刃骨刀分布密集的地区之一，在大地湾遗址、林家遗址、兰州花寨子墓地、土谷台墓地、景泰张家台墓地、皇娘娘台遗址都有相关发现。因此在这一文化传统下，生产类似形制的铜刀是自然而然的事。除了文化传统外，也有专家指出其有冶炼技术的支撑。

这件铜刀的发现具有重要的意义，是中国目前发现的最早的一件冶铸青铜器，把中国冶金史向前推进了一步，说明中国的甘肃地区也有可能是一处早期冶金技术的起源地。从使用石质工具到使用金属工具，是人类发展史上的重大变革，具有划时代的意义。从此之后，整个黄河流域都出现了铜器。尤其是进入到二里头文化阶段，青铜容器的普遍出现，开启了辉煌的青铜文明，对中华文明产生了深远的影响。

018 职业分工的开始

蛋壳陶高柄杯

年　代：龙山文化，距今 4500—4000 年
尺　寸：口径 8.8 厘米、底径 4.8 厘米、通高 22 厘米
材　质：陶
出土地：1972 年山东省临沂市河东区大范庄出土
收藏地：山东博物馆

【引言】最新研究表明，中国最早的陶器出现在距今两万年前，自此以后，陶器深刻地影响着人们的生活。经过漫长的发展，陶器制作工艺水平不断提高，出现了许多新的器形。发展到龙山文化阶段，出现了一种制作十分精致的陶器——蛋壳黑陶高柄杯。这种陶器代表了中国新石器时代制作陶器的最高水准。

蛋壳陶和龙山文化

“蛋壳陶”是一种制作精致、造型小巧、外表漆黑黝亮、陶胎薄如蛋壳的陶器。其形制“黑如漆、亮如镜、薄如壳、硬如瓷，掂之飘忽若无，敲击铮铮有声”，被誉为“四千年前地球文明的最佳制作”。中国著名考古学家梁思永先生也曾这样评价这类陶器：“可与中国制陶技术所造出的最美好的产品相颉颃，而形式的轻巧、精雅、清纯之处也只有宋代最优良的瓷器可以与其媲美。”

20世纪30年代在山东章丘龙山镇城子崖遗址，考古人员最早发现这种漆黑如镜的陶器——蛋壳陶器，但是对于这种器物的具体造型，不甚明了。1960年3月到7月，山东省文物管理处曾对城子崖进行了发掘，发掘面积约1700平方米，

出土文物十分丰富，以龙山文化遗存为主。龙山文化的生活用具主要是陶器，骨角器较少。陶器以泥质和砂质黑陶为主，细泥黑陶、泥质和砂质的灰陶次之，橙红色陶和黄白色陶很少。一般陶器的火候较高，陶质坚硬，表面大多是素面磨光，制作精致，带有光泽感。发现的主要器形有鬶、盉、蛋壳陶器、鼎、罐、瓮、杯、碗、盆、盘等。其中最为重要的发现是可以拼对完整的蛋壳陶器。可复原三件，一件上部为平沿宽大的圜底杯，形状好似仰置的斗笠，下连一敞口圈足的杯形器座，座的上部刻划和透雕了很细的花纹，共分为五圈，图案复杂。一件上部为平沿宽大的直筒圜底杯，下连豆形器座，座上部透雕三角纹和菱形组成的宽带图案，制作精致。另外一件形如高圈足杯，上部多为弧沿宽大的圜底杯，下连细长的圈座，底部呈束腰状，外饰竹节状。直到潍坊姚官庄遗址复原出了完整的蛋壳陶器，这才为研究者认识这种特殊的器物提供了更为具体翔实的资料。

对于这种数量很少、较为特殊的器物，不管是研究人员还是一般公众，都会被它深深地折服，对这种神秘的器物充满好奇。我们称之为蛋壳陶，那么这种陶器有蛋壳那么薄吗？经测量，蛋壳陶一般最薄处在口沿部位，厚度仅为0.2～0.3毫米，柄部稍厚些也不超过1毫米——蛋壳陶的厚度还是要比鸡蛋壳厚一些。因此，我们称之为蛋壳陶，也只是一种较为夸张的说法。不管怎么样，在当时生产力水平还比较低下的情况下，蛋壳陶在当时绝对是“高科技”产品。

蛋壳陶生产展现的社会分工

蛋壳陶的完整器主要发现在规模较大的墓葬中，而且器形仅有蛋壳黑陶高柄杯一种。绝大多数墓葬只是一座墓中随葬一件。唯有临朐西朱封三座龙山大墓中随葬不止一件蛋壳陶高柄杯。由此可见，能够使用这种器物随葬的人，其所拥有的财富较多或社会地位比较高。像西朱封大墓那样高地位的人更少，他们是处在金字塔顶端的统治者或王一级的人物。一般在遗址其他遗迹单位基本见不到这类器物的完整器，多为碎片，所以我们也有理由推测这种器物可能不是一般的实用器，而是专门为墓主随葬准备的特殊用品。另外，有研究者对蛋壳陶器进行了实验考古，发现往蛋壳陶杯内加入水之后，其重心是不稳的，所以我们可以进一步说明，这种器物不是作为实用器来使用的。另外还有一点是，这种陶器虽然质地比较坚硬，但是很薄，如果是古人拿来实用的话，稍不留意，很容易破碎。所以从实用性的角度来看，蛋壳陶也不是日常生活所用的器物。

研究发现，蛋壳陶出现的地域范围较为固定。至于在其他一些地区零星的发现很有可能是通过交流的方式传播过去的。在4000多年前能够制作这么精致的陶器的人，也绝非一般的普通人，应该是有一群专门从事蛋壳陶器制作的陶工。他们手艺精湛，创造出这些精美绝伦的陶器。

如此精美绝伦的蛋壳陶，我们很难想象是怎么做出来。根据相关研究，考古工作者大致梳理出了蛋壳陶的制作流程：首先，工人对陶土进行多次淘洗，去粗取细，然后对细腻的陶土进行翻捣、踩踏、反复加工。其次，制陶工人再利用加工好的陶泥制作器物，器物成型后待其阴干到一定程度，再放置于陶轮上刮削成薄壁，然后进行平、实、薄的细致加工。再次，对加工好的器物施以镂孔、刻划、弦纹等装饰，并将分开制作的器物各部分组合黏结在一起。最后入窑烧制，烧制成型后再对陶器进行渗碳、抛光处理。通过这个流程，可以看出蛋壳陶的制作需要多工种协作进行，在单一行业内有了明显的分工。

当然，我们对于蛋壳陶的了解，还仅仅只是冰山一角。诸多背后的历史文化信息、技术信息，还有待我们通过多种手段、多学科合作去解读。

第三章

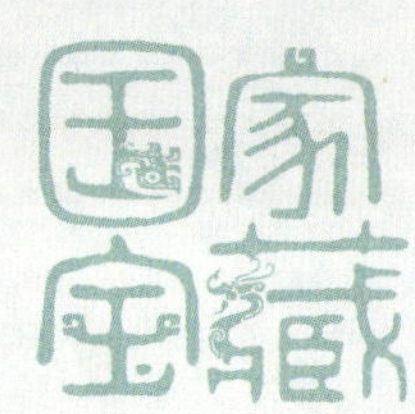

青铜时代的壮美诗篇

当时间进入马家窑文化晚期，一把锈迹斑斑的青铜刀昭示着一个全新的时代——青铜时代的到来。由此开始，中华文明迎来了历史上的第一个发展高峰。二里头、殷墟、三星堆、金沙、周原……这一系列考古发掘的辉煌成就，让人们亲密接触到了夏、商、周三代的文明奇迹。镶嵌绿松石兽面纹铜牌饰展现着夏朝独特的工艺之美，甲骨文讲述着汉字历史的悠久，后母戊鼎、妇好鸮尊、四羊方尊代表着商朝青铜文化的鼎盛和繁荣，而两个玉簋的出土则告诉我们古老的丝绸之路的前身。继承夏、商的遗风，周朝从一开始就走上了一条严谨的制度化之路，文化繁荣、礼乐鼎盛是西周真实的写照。天亡簋、宗周钟、毛公鼎那古朴典雅的铭文，让西周的历史从细节上更加明晰；而何尊的出土，让我们知道了一个伟大而历史悠久的名字——中国！

019 国家宝藏

夏王朝的见证

镶嵌绿松石兽面纹铜牌饰

年　代：二里头文化，公元前 1900—前 1500 年
尺　寸：长 14.2 厘米，宽 9.8 厘米
材　质：铜、绿松石
出土地：1981 年河南省偃师市二里头遗址 M4 出土
收藏地：中国社科院考古研究所

【引言】夏王朝是中国最早的王朝。尽管目前还没有发现像殷墟甲骨文那样的明确文字材料，但是通常认为，考古发现的二里头遗址就是夏王朝的都城遗址。因此，二里头遗址中所展现出的高度发达的青铜文化，就是辉煌的夏王朝文明的实物见证。而这件镶嵌绿松石兽面纹铜牌饰，无疑是其中最具特色和代表性的典型器物之一。

中国早期国家形成中的一个关键点

二里头遗址位于河南洛阳盆地东部的偃师市境内，该遗址南临古洛河、北依邙山、背靠黄河，范围包括二里头、圪垱头和四角楼等三个自然村，面积不小于3平方千米。二里头遗址发现于1959年。自发现以来，二里头遗址的钻探发掘工作持续不断，在30多个年份中共进行了60余次发掘，累计发掘面积达4万余平方米，取得了一系列重要成果，发现了大面积的夯土建筑基址群、宫城和作坊区的围垣，以及纵横交错的道路遗迹；发掘了大型宫殿建筑基址数座，大型青铜冶铸作坊遗址1处，与制陶、制骨、制绿松石器作坊有关的遗迹若干处，与宗教祭祀有关的建筑遗迹若干处，以及中小型墓葬400余座，包括出土

成组青铜礼器和玉器的墓葬。此外，还发掘了大量中小型房址、窖穴、水井、灰坑等，出土大量陶器、石器、骨器、蚌器、铜器、玉器、漆器和铸铜陶范等。这些成果使二里头遗址作为中国古代文明与早期国家形成期的大型都邑遗存得到了学界公认。

镶嵌绿松石兽面纹铜牌饰的出土

1981年秋季，中国社会科学院考古研究所二里头工作队的考古人员在编号为M4的墓葬中清理出了一件镶嵌有绿松石的铜牌饰。这是二里头遗址考古发掘中首次出土铜牌饰，因此意义重大，同时也为探讨其他散落于各地的同类器物的出土地点和年代提供了重要的线索和依据。

这件铜牌饰长14.2厘米，宽9.8厘米，整体为长圆形，中间呈弧状束腰，长边的两侧分别有两个半圆形的穿孔。铜牌饰的正面凸起，由许多不同形状、大小的绿松石片镶嵌、排列成动物纹样。在一块巴掌大小的铜牌上，镶嵌200余块绿松石，并组合成生动的图案，其难度之大、工艺之精，令人叹为观止！

这种镶嵌绿松石的铜牌饰是中国二里头文化时期一种颇具特色的艺术品。其图案的主体为兽面纹，双目圆睁，鼻梁笔直且与身脊相通，用钩云纹表现出狰狞的面部、上扬的双角和舞动的四肢。构图上，直线、曲线的合理运用，使图案更加美观、生动。整个图案给人以神秘、庄重、抽象、夸张的感觉。这件铜牌饰的图案，引起了众多专家和学者的关注与兴趣，并纷纷做出了各自的解释，有龙形说、狐纹说、虎龙纹说、鹿纹说、鸟形说、鸱鸮（也就是猫头鹰）纹说等。其实，图案的抽象与夸张，让人很难统一到一种具体的动物形象，反而更能引起人们的联想。不过，这种兽面纹一定具有沟通人和祖先或天地、神灵的作用。

别样的工艺技术

如此精美的器物，是在哪里生产的呢？是如何制作而成的呢？考古工作者在二里头遗址宫殿区以南发现的一处绿松石器制造作坊，为我们提供了非常重要的线索和依据。这个作坊遗址内出土了多达数千枚的绿松石块粒，其中相当一部分经过了加工，带有切割琢磨的痕迹，包括绿松石原料、毛坯、破损品和废料等。这批材料为我们探寻镶嵌绿松石兽面纹铜牌饰的生产地点、了解绿松石制作加工工艺提供了绝好的标本。我们可以从中获知，绿松石的原石开采后，要经过打击、劈裂、切割、研磨到穿孔、抛光、镶嵌、拼合等一系列的技术细节和工艺流程。

考古发现已经证明，二里头文化自第二期开始，铸铜手工业和绿松石加工业的专业化得以提升，这两种手工业的生产汇集至围垣作坊区内。玉器或有机材质上镶嵌绿松石的使用传统与不断发展的冶金技术相结合，融入早期社会的政治秩序和宗教氛围，进而创制出了新的复合形器物——镶嵌绿松石兽面纹铜牌饰，成为后世“金镶玉”的前身。这种较为特殊的器物组合在伊洛地区的二里冈文化短暂延续之后，就在中原地区彻底消失，但是“金镶玉”的工艺传统却为殷墟文化所承继。

这件铜牌饰华丽精美，在当时的历史环境中，它绝不仅仅只是一件单纯的艺术品或者装饰物，而应具有更为重要的用途和功能。这件铜牌饰出土的墓葬，是迄今为止在二里头遗址内发现的等级最高的墓葬之一。也就是说，这件铜牌饰曾经的拥有者，是一名社会地位高、权力大的贵族。那么，这件铜牌饰是一种用以“明尊卑，别上下”的重要礼器。值得注意的是，镶嵌绿松石兽面纹铜牌饰都与铜铃共出，这种特殊的、固定的器物组合，表明了器物的所有者不仅掌握着世俗权力，还控制着与天、神沟通的神权。

020 中国最早的成体系的文字

“王为般卜”刻辞龟甲

年　代：商，公元前 1600—前 1046 年
尺　寸：长 18.6 厘米，宽 10.2 厘米
材　质：龟甲
出土地：传河南省安阳市殷墟出土
收藏地：中国国家博物馆

【引言】文字是人类文明的重要标志。甲骨文不仅是中国目前所知最早的成体系的文字，也是世界四大古文字之一。殷墟甲骨的发现是中国学术史上的一件大事，在史学领域，与流沙坠简、敦煌文书、内阁大库档案有“20 世纪四大发现”之称，至今仍是显学。大学者王国维通过对甲骨文的研究，发现《史记・殷本纪》中记载的商代先公先王之名绝大多数都见于卜辞中，商王的世系也可相互对应，从而证明司马迁的《史记·殷本纪》基本上是正确的。这一发现使商代的历史成为确凿的信史，把中国有文字记载的历史上推了几百年，具有重要的学术价值。此外，殷商甲骨和甲骨文自身包含的内容也极其丰富，涉及殷代的政治、经济、文化、社会生活等各个方面，是研究商代历史与社会的珍贵资料。

一块特殊的龟甲

2017年年底，甲骨文成功入选“世界记忆名录”，这是一件能够让全体华人引以为豪的盛事。中国国家博物馆收藏的这片“王为般卜”刻辞龟甲，保存完整，可以让我们一睹殷商时期甲骨文的真实面貌，并了解甲骨文的选料、制作、记叙等具体内容。

这片龟甲是龟的腹甲，其正面的左右两侧，分别刻有一条卜辞，可释读为：

戊午卜，古贞：般其有祸？

戊午卜，古贞：般亡祸？

“戊午”是占卜的具体日期，殷商时期以干支纪日。“古”是贞人（负责占卜的专业人员）的名字；“般”是商王武丁时期的一名贵族的名字。商王专门为“般”占卜是否会有灾祸，可以看出“般”这个人的地位很重要。

这两条卜辞的内侧，还分别刻一行数字，即“一二三四五六”与“一二三四五六二告七”。这是序数，指灼龟时的占卜次序，也是对同一件事反复、多次占卜的证据。

龟甲的背面有钻凿13组，左右相对，右半部的7组钻凿以中甲首起为序，与正面序数的位置正好相对应。正中千里路（龟板正中有一条自上而下的直线，称为“千里路”）有一条刻辞，是正面卜辞的占辞，也就是对卜问内容的回答，可释读为：

王占曰：吉。亡祸。

这片龟甲很可能出土于殷墟小屯C区著名的甲骨坑“YH127”，后来曾一度为著名的古文字学家唐兰先生所收藏，现为中国国家博物馆的藏品。

甲骨溯源

“甲骨”是龟甲和兽骨的通称。一般而言，“甲骨文”是指刻在龟甲或者兽骨上的文字。商王占卜所用的龟甲大多为各地的贡品。据初步统计和推测，殷代各地贡龟的数量在一万件以上。这些龟甲多来自南方，甚至有的龟甲属于大海龟，与现在产于马来半岛的龟同种。

龟甲之中，腹甲占绝大多数，背甲则相对较少。在兽骨之中，殷墟各遗址均以牛的肩胛骨为主，也包括极少数的猪、马、羊、鹿、人的骨骼。由于甲骨是商王与诸位祖先、各种神灵进行沟通、交流的重要媒介，因此在原料的选取上颇为慎重，整治、钻凿、刻划等程序更是十分严格。占卜时所用龟的腹甲，一般甲首里面均铲平，不留边缘，甲桥只留一小部分，甲桥与腹甲连接处成钝角，边缘呈弧线状。背甲有两种处理方式，一种是从中脊锯开，一分为二，边缘经修整刮磨，近梭形；另一种，将完整的背甲剖开之后，锯去首尾两端，边缘修整成弧线，整个形状近似鞋底形，有的中部还有圆孔。殷墟出土的占卜所用的牛肩胛骨，都要加工，削去反面直立的骨脊并加以磨平，锯去骨臼的一部分并将臼角切去，然后将正、反两面刮磨光滑。整治和处理后，还要在龟甲和兽骨的背面进行凿、钻。这些加工都是为了占卜灼龟时，能在正面呈现出卜兆。占卜时，用炭火烧灼甲骨的凿钻处，使甲骨的正面出现卜兆，然后根据卜兆的形态和走向，判定吉凶。最后，把所占问的事情契刻在甲骨上。

商王及少数王室贵族拥有专门的占卜机构。商王掌握的占卜机构既要占卜国家大事，又要占卜王的日常生活琐事，且一事多卜，从正面、反面反复卜问，因而卜事极为频繁。甲骨的整治、占卜、契刻或占卜以后甲骨的处理等都需要专人负责，因此，占卜机构的人员就需要很多。这些人大多是经过训练、技术娴熟的专业人员，在各项工作中都有一定的操作规程。所以，我们见到的卜甲、卜骨已经相当规范化了。

甲骨文和殷墟考古

甲骨文是中国发现的最早的、较为成熟的、成体系的文字，也是中国最早的文献记录。那么出土的甲骨文材料的数量究竟有多少呢？这是一个最基本的问题，也是公众颇为关心的话题。甲骨文自1899年发现以来已有一百多年，由于种种原因，很多甲骨或保存于私人手中，或分散于中国各大博物馆、大学等机构，或流散于欧美、日韩等国家。国内外公、私机构现藏甲骨的实际数量，据初步统计，有13万片左右。

说到甲骨文，就不能不提王懿荣和殷墟。1899年，金石学家王懿

荣在北京发现中药店中所售龙骨上刻有一些很古老的文字，意识到这是很珍贵的文物，开始重金收购，进而考证出这些“甲骨文”是“殷人刀笔文字”。1900年八国联军入侵，王懿荣自尽，甲骨转归刘鹗所有。古董商贩为谋利，封锁甲骨来源消息。后罗振玉等学者多方探求，得知甲骨来自河南安阳小屯村，于是多次派人去那里收购甲骨，并对其上文字作了一些考释，认为小屯就是文献上所说的殷墟。其后，王国维对这些甲骨文上的资料进行了考据，进一步证实这里就是盘庚迁都的都城。

1928年，在中研院历史语言研究所所长傅斯年大力支持下，董作宾与临时工作人员组成考古队，开始对殷墟进行第一次为期18天的试掘，总共出土800余片有字甲骨以及铜器、陶器、骨器等多种文物。中国现代考古学由此发端。1929年春，由李济主持对殷墟的正式发掘。到1937年抗日战争全面爆发，共进行了15次科学发掘。1950年以来，中国科学院及中国社会科学院又重新开始发掘工作，至今未中断。

甲骨文研究和“四堂”

自1899年王懿荣第一个购藏、鉴定甲骨文起，经过几代学者的不懈努力，对于甲骨文的认识和研究已取得了丰硕的成果，其中有四位里程碑式的人物，为甲骨学的形成、发展与传播奠定了坚实的基础，做出了突出的贡献。

1939年，著名的古文字学家唐兰先生就非常精辟地指出：“卜辞研究，自雪堂导夫先路，观堂继以考史，彦堂区其时代，鼎堂发其辞例，固已极盛一时。”雪堂是罗振玉的号，观堂是王国维的号，彦堂是董作宾的字，鼎堂是郭沫若的曾用名，四位学者的字、号或名均有“堂”字，被誉为“甲骨四堂”，是甲骨学中绝对的殿堂级人物。

罗振玉（1866—1940），字式如、叔蕴、叔言，号雪堂，又号贞松，是中国近代著名的金石学家、目录学家、古文字学家、敦煌学家。罗振玉首先确切打听到甲骨文出土地为安阳小屯，明确甲骨文是盘庚迁殷以后“殷室王朝遗物”。他还是当时私人收藏甲骨最多的学者，并考释出大量的单字，首创了对卜辞进行分类研究的方法，先后出版了《殷商贞卜文字考》《殷墟书契》《殷墟书契考释》《殷墟书契菁华》等著作，为甲骨文字的公布、考释和研究提供了重要的资料。可以说，罗振玉是甲骨学的奠基者，开创之功巨大。

王国维（1877—1927），字静安，号观堂，是中国近代最著名的学者之一，在哲学、文学、戏曲、美学、史学、古文字等方面均有深厚的造诣。王国维与罗振玉既是师徒，又是至交，还是亲家，并缔造了殷墟考古之前甲骨学研究史上的“罗王之学”。王国维不仅在考释文字方面多有突破，更为可贵的是，他利用甲骨文考证、研究商代历史与典章制度，比如证实了《史记·殷本纪》的商王世系，纠正了其中以报丁、报乙、报丙为序的错误等。这将甲骨学推向了一个新的阶段。此外，王国维还是最早对甲骨断片进行缀合的学者，极大地提高了甲骨的学术价值。

董作宾（1895—1963），原名守仁，字彦堂，号平庐，是著名的考古学家和甲骨学家。董作宾于1922年进入北京大学研究所国学门，师从王国维。1928年，中研院历史语言研究所筹备处成立后，董作宾受聘主持了第一次殷墟考古工作，并参加了后来的历次发掘。董作宾历尽艰辛，将殷墟考古所得甲骨整理出版，在刊布材料方面贡献巨大。他在1933年发表的《甲骨文断代研究例》中提出了“五期说”和“十项标准”，为甲骨学建立了科学研究体系，具有划时代的意见。

郭沫若（1892—1978），原名开贞，号尚武，曾用名鼎堂。郭沫若不仅致力于甲骨文资料的整理、文字的考释，最为重要的是他以历史唯物主义为指导，利用甲骨文资料研究商代社会历史。其代表作有《卜辞通纂》和《甲骨文字研究》。

021

镇国之宝，礼器之尊

后母戊鼎

年　代：商后期，约公元前 14—前 11 世纪

尺　寸：通高 133 厘米，口长 110 厘米，口宽 79.2 厘米

材　质：青铜

出土地：1939 年河南省安阳市侯家庄武官村出土

收藏地：中国国家博物馆

【引言】青铜鼎是中国商周时期最为重要、最具代表性的礼器，甚至是权力和地位的象征。我们现在常常提起的“禹铸九鼎”“一言九鼎”“问鼎中原”“三足鼎立”等成语和故事都与之有着密切的联系。在众多的青铜重器之中，商代的后母戊鼎以其体积最大、分量最重、精美的纹饰、高超的工艺和曲折的经历，成为最耀眼夺目的礼器“明星”。

礼器之尊

后母戊鼎是目前中国发现的体积最大、分量最重的青铜礼器，是当之无愧的青铜器家族中的“巨无霸”，也是社会知名度最高的青铜礼器，家喻户晓，蜚声中外。后母戊鼎口沿方折，上面有两个立耳，鼎身为长方体，深腹平底，腹下有四个圆柱状足（其上半部中空）。鼎耳外廓饰双虎食人头纹，耳侧饰鱼纹。鼎身装饰以云雷纹为地纹的兽面纹和夔龙纹，四面相交处有扉棱。鼎足上部装饰兽面纹，下部则为三道弦纹。该鼎腹内铸有呈品字形排列的“后母戊”三字铭文。后母戊鼎硕大厚重、庄严沉稳、装饰华丽、繁简适宜，整体具有恢宏雄霸的气势。

铸造这样一件庞然大物，是如何完成并实现的呢？第一步，肯定是要准备

好充足的原料、足够的人员、开阔的场地等。其次，由专业的陶工为大鼎制作模范，并雕刻好纹饰、铭文。接下来，由炼工按一定的比例配置铜、铅等金属料块，在窑炉中将其熔化成合金液体，然后注入大鼎的模范制作内。仅仅这一铸造工作的环节，就需要数以百计人员同时参与，规模之大、忙碌火热的场景可想而知。这还要有统一的指挥、合理的分工以及紧密的协作，稍有差错，很可能就功亏一篑。最后，浇铸完成，冷却定型，就可以除去模范，得到大鼎了；再用磨工将大鼎打磨光亮。众所周知，青铜主要是铜、锡、铅的合金。合金成分分析的结果表明，后母戊鼎的铜占84.77%，锡占11.64%，铅占2.79%，与殷商一般青铜器的成分基本相同，并且与《周礼·考工记》上所说的“六分其金而锡居一”的记载基本吻合。因此，完全可以说，后母戊鼎是中国殷商时期文明发达、科技先进的最好物证，它的出土，直观证实了殷商时期的科技发展水平。

国宝经历

后母戊鼎的名气，不仅仅因其体积大、分量重、纹饰精、工艺高，还与其曲折的经历有着密切的关系。1939年3月，河南安阳武官村村民吴希增等在农田中掘获后母戊鼎，出土时双耳断损。因日伪搜寻，出于民族利益与情感，村民又将其埋于地下。1946年7月，安阳县古物保存委员会获悉后母戊鼎的埋藏地点后，在当地驻军的协助下将其从武官村再次掘出，陈放于萧曹庙供社会各界参观。不过，此次后母戊鼎重见天日，只保留下了一只耳，而另外一只耳至今下落不明。1946年10月，后母戊鼎作为蒋介石六十寿辰的寿礼被运往南京。1949年4月，中国人民解放军解放南京，后母戊鼎未及运往台湾，留在“中央博物院”筹备处。1950年3月，“中央博物院”筹备处更名为南京博物院，后母戊鼎成为南京博物院的藏品。之后，专业人员修复后母戊鼎，为其仿制并装配了缺失的一耳。

后母戊鼎纹饰细节

因此，我们现在见到的后母戊鼎，有一个耳并不是“原配”，若有兴趣，可以辨别一下，考考自己的眼力和鉴别力。1959年3月，后母戊鼎被调入正在筹建的中国历史博物馆，也就是现在中国国家博物馆的前身。

命名波澜

围绕着这件青铜大鼎，还有一个历来争论不休的问题，就是该鼎的名字是“司母戊”还是“后母戊”。其实关于青铜器的改名或者命名存在不同意见，并不是什么稀罕事，但是这件铜鼎的命名不仅在学界是个焦点，在社会上也是个广受关注的热点。2010年到2011年，该青铜大鼎的收藏机构中国国家博物馆在图录和展览中将以往命名的“司母戊鼎”改称为“后母戊青铜方鼎”“后母戊鼎”，激起了不小的波澜。

“司”“后”之争，由来已久，至今尚无定论。1946年7月，也就是这件青铜大鼎再次出土后不久，《申报》特派员邵慎之将其铭文释为“后妻戊”；而学者张凤在“《中央日报》”发表文章将其释为“司母戊”，自此就拉开了关于该鼎称名中“后”“司”之辩的序幕。一些著名的考古学家、古文字学家和历史学家，如夏鼐、董作宾、郭宝钧、容庚、曾昭燏、翦伯赞、陈梦家、胡厚宣等，都赞成“司”。他们认为，“后”这个字用于帝王配偶是在春秋才出现，《白虎通》中记载“商以前皆曰妃，周始立后”。殷墟卜辞当中并没有此用法，而是以“毓”字来描述王后。有学者经考证后认为“司”字应当“祭祀”之意使用。周礼的四时祭祀分别名叫礿、祠、尝、烝，“祠”字金文省作“司”是合理的。因此这件青铜大鼎，自1959年入藏中国历史博物馆并展出至21世纪初，“司母戊”之名沿用了约60余年，具有了相当的社会认知度。不过，另有一些专家和学者，根据新的学术研究与成果，主张应称作“后母戊”。不管怎样，这种探讨无疑会加深人们对这件青铜大鼎的了解、认识和喜爱。

022 来自昆仑山的馈赠

国家宝藏

玉簋

年　代：商武丁时期，公元前 1250—前 1192 年
尺　寸：通高 12.5 厘米，口径 20.5 厘米，足径 14.5 厘米
材　质：玉
出土地：1976 年河南省安阳市殷墟妇好墓出土
收藏地：中国国家博物馆

【引言】夏鼐先生曾说："全世界有三个地方以玉器工艺闻名，即中国、中美洲（墨西哥）和新西兰，其中以中国的最为源远流长。"中国玉文化的发展从旧石器时代晚期开始，工艺日益成熟。到了商代，商都殷墟不仅成为当

时最大的玉器生产中心，并且开辟了以和田玉为主体的玉器新时代。

殷商灿烂文明的宝库——妇好墓

妇好墓位于安阳北郊小屯村。1975年冬天，中国农村兴起“农业学大寨”的热潮，学大寨的重要举措之一就是平整土地。小屯村西北约100米，大约高出村庄80米的小土冈成了村民决定平整的对象，岗地形状类似三角形，东窄西宽，一万平方米。由于此处是殷墟重点保护区，按规定不宜动土，但囿于形势，不便直接阻止，因此中国社会科学院考古研究所安阳队的同志率先对此地进行了考古钻探，很快就发现了建筑基址遗迹，从而拉开了妇好墓考古的序幕。

1976年春，由考古学家郑振香、陈志达率领的考古工作队正式进驻此地，开始全面地考古发掘。5月16日，由工人何保国使用探铲在8米深处正式发现墓葬。经测量，墓口长5.6米，宽4米，深8米，为一座面积约20平方米的竖穴墓。

发掘之后，出土大量青铜礼器、武器以及各种不同用途的玉器、宝石器和

妇好墓出土的白玉簋

象牙器等，随葬品总数达1928件，此外有海贝6800枚，另有少见的阿拉伯纹绶贝、红螺等。在各种文化遗物中，最能体现殷墟文化发展水平的是青铜器和玉器。青铜器以礼器和武器为主，其中礼器210件，类别有炊器、食器、酒器、水器等。礼器中有铭文的190件，铭文凡9种，其中铸“妇好”或单一“好”字铭文的共109件，占有铭文铜器的半数以上，且有较多的大型重器和造型较新颖的器物，如偶方彝、三联甗、鸮尊等。墓内所出武器有130多件，有钺、戈、矛和镞等，以戈为数最多，是主要的武器，镞也较多。墓内随葬玉器750多件，以深浅不同的绿色为主，褐色的占一定比例，白玉很少。其类别有礼器、武器（似为仪仗）、工具、用具和装饰器等。这些玉器不仅充分反映了殷商时期制玉的技术水平，更重要的是展现出了当时光辉灿烂的玉文化。

妇好墓中的仿铜玉器

妇好墓中出土的瑰丽多彩的玉器中，我们可以看出，从开料切割、琢磨成形、钻孔到抛光工序，都应用了娴熟的“勾”“彻”“挤”“压”等制作手法。玉器种类有琮、璧、瑗、环、璜、玦、圭、戈、矛、戚、钺、刀、斧等大量礼仪性器物和其他装饰性器物，最为特别的是两件玉簋，是殷商时期颇为难得的玉制容器。

这两件同出的玉簋，虽然形制、纹饰不尽相同，但都与同时期的青铜簋相类似，可以算是“仿铜玉器”的代表。一件玉簋为白色，有黄斑；侈口圆唇，下腹微鼓，平底矮圈足；口沿下饰三角纹，腹饰饕餮纹三组，上下夹以弦纹；近底部饰菱形纹；足饰云纹及目纹。另一件玉簋为青绿色，敛口平唇，腹部微鼓，圜底矮圈足；腹部有四条扉棱，其间饰勾连三角纹，内填“S”形纹；足饰云纹。后者是中国目前发现的商周时期玉器中最早、最大的一件玉制容器。

来自昆仑山的馈赠

如此精致典雅的玉簋应该就是在殷墟制作而成。殷墟发掘出的玉器作坊遗址可以证实这一点。那么，玉簋的原料来自哪里呢？也就是说原料的产地是什么地方呢？是就地取材、在殷墟或者附近地区，还是更为遥远的其他地方呢？解答这些问题的关键，最基本的是要对这些玉器进行科学的分类和准确的鉴定。根据玉器的色泽、外观组织、硬度、比重几种简单的物理性质，最容易区分出来的就是硬玉和软玉两类。一般而言，玉器界人士将摩氏硬度为6.75～7度、比重为3.2～3.3g/cm^{3}的玉石称为硬玉，而将摩氏硬度为6～6.5度、比重为2.55～2.65g/cm^{3}的称为软玉。专家对妇好墓出土的约300件玉器初步鉴定，结果大部分玉器均为软玉，其中青玉较多，白玉较少，青白玉、黄玉、墨玉、糖玉更少，并且绝大多数都是产自新疆的和田玉，仅有少数几件为产自辽宁的岫岩玉和河南的独山玉。

众所周知，殷商王朝的政治和文化核心区域就在安阳，而殷墟出现如此众多的和田玉产品，必定需要大量的原料来自新疆，而且得到这些原料一定要保持较为长久、稳定和顺畅的输入渠道。那么，当时的新疆，即便不在殷商王朝直接、有效的政治统治、军事控制的势力之内，也必然与殷商王朝保持着密切且频繁的物质文化交流与往来。试想一下，在交通不便、设施不发达的三千多年前，在有万里之遥的中原与西部新疆之间就存在着如此规模的交流，是一件多么不易的事情呀！难怪已有不少学者提出，早在西汉张骞凿空西域、打通丝绸之路之前，中原与西部地区就已经存在着一条“玉石之路”。

023 一位女将军的传奇

国家宝藏

妇好鸮尊

年　代：商武丁时期，公元前 1250—前 1192 年
尺　寸：通高 45.9 厘米，口长径 16.4 厘米，盖高 3.2 厘米，足高 13.2 厘米
材　质：青铜
出土地：1976 年河南省安阳市殷墟妇好墓出土
收藏地：中国国家博物馆

【引言】殷墟是一座巨大的地下宝库，数以千计的墓葬涵盖了商王、贵族、平民等各个阶层的各色人物，是当时社会状况的真实再现。其中，妇好墓是迄今为止殷墟发掘的高等级墓葬中保存最为完整的一座。这位妇好，在文献中可以找到记载，既是王后，也是女将军，还是祭司，而墓葬中出土的器物也见证了她传奇的一生。

造型独特的青铜尊

妇好鸮尊背面

1976年5月至6月，中国社会科学院考古研究所安阳工作队的考古人员在今安阳小屯村北发掘了著名的殷墟妇好墓（编号76AXTM5）。这座墓葬保存完好，没有遭到过任何扰动或破坏，随葬器物极其丰富、精美，是迄今为止殷商王室墓中最完整的一批资料，对于研究殷代的历史、考古、艺术等方方面面都具有极为重要的价值。妇好墓中出土的随葬器物多达1928

妇好鸮尊正面

件，另外还有海贝6800枚。在如此众多的随葬器物中，青铜器就有430多件，约占总数的四分之一。在如此众多的青铜器中，有两件可被称为“鸮尊”的器物，可以说是别具一格，独领风骚。

鸮尊两件，造型、纹饰、大小基本相同，堪称是一对“孪生兄弟”。鸮尊的整体造型就是一只鸱鸮，鸮首浑圆，略微仰起，宽喙内钩，圆目突出，双耳竖立；颈部短粗，胸部前挺，双翼收拢于身侧；两足粗壮有力，四爪着地，宽尾下垂。鸮的背部至颈部有一半圆形宽鋬。鸮首分为前后两部分。前半部分与喙部、颈部相连，喙上饰饕餮纹。耳羽内各饰一条倒立的夔龙纹，龙首有角，大口张开，龙身弯曲向上，龙尾内卷；耳羽背面饰有“W”形状的条状纹饰。后半部分为一半圆形盖，铸有高冠、尖喙、宽尾的凤鸟；凤鸟身后是一长角、卷尾、作站立状的龙形盖钮。鸮尊颈部左右两侧各饰一条夔龙纹，首尾有两个头，一只龙头伸至鸮喙，口向上，足前伸；一只龙头伸至鸮翼上方，口向下，足前屈。鸮尊的前胸中部饰有一个牛面饕餮纹，头上长有一对大角，双眼鼓出为椭圆形。翅膀前端饰有三角形头的长蛇一条，蛇身紧盘，上饰对角雷纹，蛇尾与翅并行。鸮尊粗壮的双腿上各有一条头向下、口大张、身子竖直向上，尾部卷曲的夔龙纹，双足似蹄，饰四个蝉纹表现出四爪。尾的上部饰一只圆首尖喙、展翅欲飞的小鸮。鋬的上端饰兽首。鸮尊从面部至前胸，有一条凸起的扉棱，所有的纹饰以扉棱为中心线，左右对称分布。鸮尊口内的下侧铸有铭文“妇好”二字。“妇好”是墓主人在世时的称谓，因此，这两件鸮尊应该是妇好生前专门铸造的礼器。

鸮尊的造型形象生动，巧妙传神。整体的造型是一只气宇轩昂、威猛神气的鸱鸮。除此之外，还饰有夔龙、凤鸟、蛇、牛、小鸮等，合理、巧妙地分布在鸮尊的不同部位，更加强烈地衬托出了鸮尊威武的气势。另外，鸮的双足与宽尾共同着地，构成

尊器稳定的三个支点，共同支撑着整个器尊的重量平衡。

鸮的崇拜

鸮，或写作枭，也称鸱鸮，就是俗称的猫头鹰，长期以来在中国一直被认为是形貌与声音都很丑恶的不祥之鸟，因此基本没有以之为主题的装饰或者图案。

但是在遥远的新石器时代到商周时期，人们对鸮的认识却不大相同，因此鸮的境遇也就与此相反。从考古发掘资料来看，鸱鸮题材的器物或装饰，从远古时期就已颇为常见了，黄河、长江及辽河流域的仰韶、齐家、良渚、红山文化之中都有发现。殷商时期，鸱鸮类题材的器物更为流行，材质有青铜、玉、石和陶等，如殷墟西北岗商代晚期大墓中曾发现一件白石雕刻的鸱鸮，山西石楼、湖北应城、湖南长沙东山镇等地都曾出土过青铜鸮卣等。历史学家、考古学家刘敦愿认为：“商代晚期的铜器之所以多鸮尊、鸮卣，与以鸮、虎为主要装饰的铜觥……显然含有来保护夜间的享宴生活的意图。”青铜器研究专家马承源认为，殷商时期青铜容器上鸮的形象应看作是“勇武的战神而被赋予避兵灾的魅力”。由此可见，鸱鸮在殷商人们的思想意识中占有非常重要的地位，应是当时人崇拜之物。

再看看妇好墓，除了2件鸮尊，还有玉枭器6件，其中圆雕4件，浮雕2件，是出土鸮形器物最多的殷商墓葬。这充分说明并证明了妇好对鸱鸮的喜爱，更加确切地说应该是崇拜。

王后、祭司、巾帼英雄

为什么妇好如此崇拜鸱鸮呢?这应该与她的身份、职务有着密切的关系。那么，妇好又是何许人呢?

甲骨文中保存了不少关于妇好的史料，据不完全统计，在武丁时期，有关妇好的卜辞就达200多条，记载了妇好参加的活动是多方面的。首先，妇好是商王武丁的法定配偶，也就是说她是一名王后级别的人物。其实，当时武丁有法定配偶妣戊、妣辛、妣癸三人，不过

妇好鸮尊局部

或统治阶级中的重要人物。祭祀是商王室的一项重要活动，祭名和祭法也十分多样。各种祭祀活动主要由商王亲自主持，但也命其忠臣或亲信代行，武丁曾多次他最为重视的只有妇好（妣辛）一人。妇好出征讨伐敌军，武丁会占卜："妇好亡咎？"凯旋时，武丁会占卜："妇好其来，妇好不其来？"此外，武丁对于妇好的生育问题倍加关注，武丁时期有大量贞问妇好是否怀孕的卜辞，如："丁酉卜，宾贞：妇好有受生？王乩曰：吉，其有受生。"商人把怀孕叫作"受生"，占卜妇好生育，武丁都亲自出面占断卜兆，可见其对妇好的关心非同一般。

其次，妇好曾在商王命令下主持过一系列的祭祀典礼。在一次由妇好主持的祭典上，她还曾杀死十个俘奴作为牺牲。"国之大事，在祀与戎。"在商朝，主持祭祀之人往往是商王本人命妇好主持祭祀。妇好墓中出土了大批用于宣享和祭祀的青铜器和甲骨，据此可知，妇好生前受命主持祭祀盛典的次数很频繁。如："乙卯卜，宾贞：乎（呼）妇好㞢（侑）服（俘）于妣癸。""丁巳卜，槱，妇好御于父乙。"这些卜辞都说明了妇好进行祭祀的问题。

第三，妇好还是一名威风凛凛、声名赫赫的女统帅。她曾亲自率领军队对北方的土方、西方的羌方、东方的夷和西南的巴方作战。据甲骨文中的记载，妇好曾一次率领一万三千人对羌方作战，这是目前所知商朝参加人数最多的一次战争。商王武丁时期著名的将领都曾效力于她的麾下。

024 商文化背景下的三苗生活

国家宝藏

四羊方尊

年　代：商晚期，公元前 1300—前 1046 年
尺　寸：通高 58.6 厘米，上口最大径 44.4 厘米
材　质：青铜
出土地：1938 年湖南省宁乡市黄材镇出土
收藏地：中国国家博物馆

【引言】在中国的远古时期，传说曾存在过炎黄集团（华夏集团）、蚩尤集

团（苗蛮集团）和东夷集团。这三大古代氏族集团在中华大地上纷争、融合，构筑了一个史诗般的英雄时代，也成为中华民族与文明形成的重要根源。黄帝蚩尤大战，蚩尤部落战败后余部南迁又组成了“三苗”部落联盟。到了殷商时期，三苗所在的以两湖平原为中心的广大地区既是商王朝的南土，也有土著势力。而四羊方尊就是三苗文化的典型代表。

受尽磨难的国宝

1938年4月的一天，湖南宁乡县黄材镇的转耳仑山，姜景舒三兄弟正在半山腰挖土种红薯，无意间将这件已在地下沉睡了3000多年的四羊方尊挖了出来。只是方尊的口沿被敲掉了手掌大小的一块碎片。宝物出土的消息不胫而走，当地古董商张万利闻讯后就立即找上了门，用400大洋购买了这件宝物。卖掉宝贝时，姜景舒将之前不小心敲掉的碎片留了下来，当作纪念。后来，四羊方尊被转手卖到了长沙，幸亏当时长沙县政府派人查处，没收四羊方尊，交由湖南省政府保管，收藏于湖南省银行。日寇进逼长沙时，四羊方尊迁往沅陵。不幸的是，四羊方尊在日机轰炸下碎作20余块。此后，这些国宝碎片一直被丢弃在湖南省银行仓库的木箱内，无人问津。

中华人民共和国成立后，在周恩来总理的亲自过问下，1952年，四羊方尊被湖南省文物管理委员会专家蔡季襄重新找出来，由文物修复大家张欣如进行了拼合、修复，这件宝物恢复了往昔的风貌。1959年，四羊方尊被调到中国历史博物馆，从此一直“定居”于北京。1963年7月，湖南省博物馆原馆长高至喜调查四羊方尊当年的出土情况时，找到了当事人姜景舒，见到了其家尚保存的四羊方尊口沿部分的一块（长10厘米、宽8厘米、厚0.3～1厘米）。1977年6月3日，姜景舒将保存达39年之久的四羊方尊残片捐献给国家，现收藏在湖南省博物馆。

四羊方尊局部

方尊的工艺之美

四羊方尊是中国青铜铸造史上最伟大的器物和艺术品之一。它造型奇特，器身为方形，口沿外敞，长颈挺拔，腹部鼓出，下有方形高圈足。颈部饰三角形夔龙纹和兽面纹，前者为纵向分布，后者则是横向展开。肩部四面正中装饰立体龙纹，双角直立；四角分别为高浮雕一只羊，其头部和颈部伸出器外，羊角内卷，粗壮有力，双目凸出，炯炯有神；羊的身躯向下延伸，尊的腹部即为羊的前胸，羊腿浮雕于尊的高圈足上。圈足装饰夔龙纹，与颈部的纹饰相呼应。该器通体以云雷纹为地纹。同时，该器的四个边角和四面的中线上装饰扉棱，既增强了造型的气势、丰富了装饰的种类，也巧妙地掩盖住了铸造中合范时留下的瑕疵。而这种长钩状扉棱是中国长江流域殷商时期青铜器纹饰的一个显著特色。该器通体漆黑光亮，饰纹美丽，铸造精良，集浅雕、浮雕、圆雕为一身，充分展现出了商周时期青铜器装饰中“三层花”的效果，堪称是中国商代青铜器工艺品中的杰出代表。尤其是四个突出的羊头，起到了画龙点睛般的效果，使整件器物焕发出了巨大的活力，给观赏者造成极强的视觉冲击和心理震撼。这件方尊纹样繁缛，但是主题突出；神秘、古朴，又不乏意趣、活力；造型稳重雄奇，但是又不乏灵动、平和；刚柔相济，将直线与曲线完美地结合在一起；整体装饰精美绝伦，将平面与立体充分地融合为一身。

如此精美的器物，不仅仅需要巧妙的设计，甚至是非凡的想象力，更需要高超的制造技艺。四羊方尊是用复合陶范及分铸法做成的。尊体铸型以扉棱为界，分为口颈、肩腹和圈足三大段，用范24块，加上尊腔、圈足泥芯和盖范各1块，总共由27块范、芯组成。羊角和龙头都要事先铸成，嵌入范中，浇注时再和尊体铸接。这种巧妙的分铸法和高超的合范技术使得四羊方尊呈现出浑然一体的效果。

宁乡青铜器和三苗文化

四羊方尊的出土地湖南宁乡，就湖南本省而言，可谓一处独特的“青铜器之乡”，此地出土了大量的商周时代青铜器，数量达300件之多。除了四羊方尊，还有人面纹方鼎、虎食人卣、象纹大铜铙、兽面纹提梁卣、兽面纹大铜瓿等，均体现了中国商代青铜文化的高度发达。这些青铜器的造型，生动且写实，与中原地区出土的同类青铜器所表现的庄严古朴明显不同，显得清新秀丽。

据史籍记载，宁乡之地属三苗。三苗之聚居地在历史典籍中的记载变化多样，但是湖湘之地作为三苗旧地，争议并不大。《战国策·魏策一》载吴起说：“昔者三苗之居，左有彭蠡之波，右有洞庭之水，文山在其南，而衡山在其北。恃此险也，为政不善，而禹放逐之。”足以证明三苗的聚居地所在，此类资料还很多。虽然在商代甲骨文的记载中没有明显的关于三苗的内容，但是考古发掘的资料已经显示出了宁乡这个地方在青铜文化上和殷商所处的中原之地的差异性，可见，对于三苗文化的研究还需要更多的资料加以证明。

连接天地，沟通神人

青铜神树

年　代：商，公元前 1600—前 1046 年
尺　寸：通高 396 厘米
材　质：青铜
出土地：1986 年四川省广汉市三星堆二号祭祀坑出土
收藏地：三星堆博物馆

【引言】中华文明源远流长，在起源和发展过程中形成了多元一体的格局，不同地区间文化、人群的交流与互动，共同促进了中国古代文明的繁荣。古蜀文明是中华文明的一个重要组成部分，从空间上看，古蜀文明主要分布于以成都平原为中心的四川盆地西部；从时间上讲，古蜀文明大致可以分为五个阶段。其中，三星堆文化是古蜀文明发展中的第一个高峰。

揭开三星堆的神秘面纱

1986年7月至9月，考古工作者在四川省广汉市三星堆连续发掘了两个祭祀坑，使三星堆遗址立即成为世界注目的焦点，可谓一举成名。广汉市地处四川盆地的腹心地带，而所谓的“三星堆”，实际上就是三个起伏相连的黄土堆，顶部为椭圆形，南北长、东西窄，最高处高出地表约10米。三星堆作为一处古代遗址，早在1929年春天即已被发现，从20世纪30年代初至80年代初的50年间，相关文物考古机构曾对其进行过多次调查和发掘，出土了一定数量的陶器、玉石器、房址、窖穴等遗物和遗迹，并提出了“三星堆文化”的命名。只不过由于考古材料比较零碎，没能引起广泛的社会关注，知名度和影响力十分有限。三星堆命运的巨大转机就发生在1986年那短短的两个多月，两个祭祀坑相继被发现，出土了金、铜、玉、石、骨、陶、象牙等质料的文物。其中，一号坑内出土器物300余件，二号坑内800余件，数量众多，精美绝伦且独具特色。至今，一提到三星堆，人们的脑海中自然而然地就会浮现出长着“千里眼、顺风耳”的青铜面具，身穿“燕尾服”的青铜立人像，还有金光熠熠的权杖等。当然，还必须要有这件枝繁叶茂、挺拔壮丽、造型奇美、堪称“青铜树王”的神树。

青铜铸造的东方神木

二号祭祀坑中共出土青铜神树6株，可分为大小两种，其中最高大的一株、也是保存状况最好的一株，残存的高度为3.96米，估计其完整高度应该在5米左右。如此体量的青铜树，在商周时期是绝无仅有的。这件青铜神树由底座和树的干枝两大部分组成。底座为圆形喇叭状，由三个拱组成。树干笔直挺拔，下端接铸于底座的正中，树根外露，树干上有三层树枝，每层又可以分为三个枝丫，共有九条树枝。树枝均柔和、自然下垂，枝条的中部伸出短枝，短枝上有镂空花纹的小圆圈和花蕾，花蕾上各有一只昂首翘尾的小鸟。在二、三层树枝与树干相连接处都套有一个炯纹圆环。树干的顶部已经残缺，上面原来应该也有一只小鸟。加上其他树枝上的九只小鸟，共计有十只小鸟。在树干的一侧有四个横向的短梁，将一条身体倒垂的飞龙固定在树干上。

这件青铜树设计巧妙，造型奇美，层次清晰，浑然一体。仅仅从艺术和审美的角度来讲，这件器物都绝对称得上是一株令人拍案叫绝的青铜神树了。艺术源于生活和现实，如果我们据此进一步追问，这件青铜神树又源自古人当时什么样一种生活状况或者思想状态呢？首先，神树底座铸有三个拱形，象征着连绵起伏的三座神山，上面饰云纹，似有祥云缭绕。树枝上有十只立鸟，鸟在中国古代常常代表太阳，因此树上共有十个太阳，这可以很轻易地让我们联想到“后羿射日”的神话故事。《山海经·海外东经》中记载：“下有汤谷。汤谷上有扶桑，十日所浴，在黑齿北。居水中，有大木，九日居下枝，一日居上枝。”《山海经·大荒东经》：“汤谷上有扶木，一日方至，一日方出，皆载于乌。”其中所记的扶桑、扶木是同一种树，是东方神木。与此相对应，这株参天挺拔的青铜神树就是扶桑的象征，是一株太阳神树。神树上有一条龙沿树干蜿蜒而下，寓意这条龙借助神树，可上下于天地之间，起着沟通天地的作用，这么说来，这株神树还具有“天梯”的功能和性质了。

青铜神树上的神鸟

026 

武王伐纣的历史证据

天亡簋

年　代：西周早期，公元前 1046—前 996 年
尺　寸：通高 24.2 厘米，口径 21 厘米，底径 18.5 厘米
材　质：青铜
出土地：清道光年间陕西省眉县出土
收藏地：中国国家博物馆

【引言】商、周之际，发生了一场关乎朝代更替的决定性战争——“武王伐纣”。商周双方交战于牧野，周武王只用了一天的时间就取得了胜利，随后命人迁九鼎归于周，象征统治天下权力的递嬗。而商纣王则自焚而死，成为亡国之君。武王伐纣一直是中国古代历史和社会的焦点事件。由于记载的原因，对这一事件的研究聚讼颇多，而中国国家博物馆所藏的天亡簋则是这一事件的有力佐证。

西周初年的礼器

天亡簋，清朝道光年间出土于陕西眉县，曾一度为著名收藏家、金石学家陈介祺所收藏。不过，在很长一段时间内，天亡簋都杳无音信，踪迹难觅。直到1956年，天亡簋突然现身于上海，北京故宫博物院的专家及时将其收购，并带回了北京，不久后转由中国历史博物馆收藏。

天亡簋是一件非常著名的西周初期的青铜礼器，其形制、纹饰特征鲜明，加之铭文内容重要，因此也是一件极为重要的西周铜器断代的标准器。天亡簋为侈口，束颈，深腹略外鼓，圈足，圈足下连铸一方座。从口沿下至腹部，铸

有四个内卷角的兽首耳，耳下带有宽厚的长方形垂珥。天亡簋的腹部和方座四面饰两两相对的蜗体夔龙纹，阔口大张，显露出尖锐的牙齿，长鼻上卷，圆目凸出，身躯蜷曲，状如蜗牛。无论从造型，还是纹饰来看，天亡簋都带有明显的西周初期的特征。首先，我们来看天亡簋的四耳。簋是商周时期青铜礼器中非常重要的盛食器具，大约出现在晚商时期。簋的形式多种多样，就器耳来说可以分为有耳和无耳两大类。在带耳的青铜簋中，绝大多数都是对称的双耳，四耳铜簋的数量非常有限。从目前的考古发现来看，四耳青铜簋在殷商时期尚未出现，其使用年代主要是在西周早期，最晚也不过周穆王时期，可以说是周人的一种创新产品。四耳使青铜簋的造型更加气派、稳重，不过从实际用途而言，四耳青铜簋在使用过程中要比双耳簋更加麻烦，因此前者在出现之后并没有真正地广泛流行，到了周穆王以后就从青铜器中消失了。其次，我们要看看天亡簋的方座。迄今为止，在所有可知的带方座的青铜簋中，没有一件是殷商时期的器物，都是周朝的器物，因此可以说方座簋是周文化的产物。方座簋是簋与禁（摆放青铜酒器的几案）的结合物，因此方座簋也叫作禁簋。西周早期是方座簋的形制最具特征、最为丰富的时期，无论质与量，都处于发展的鼎盛阶段。从西周中晚期开始，方座簋式样单调，纹饰简陋，数量减少，开始走向衰落。最后，我们再看看天亡簋腹部和方座上装饰的蜗体夔龙纹。这种身躯蜷曲如蜗牛状的夔龙纹也仅仅出现于西周初期，周成王、康王以后就消失了。

综上所述，从器型、纹饰上看，此簋作为西周初期的典型器是毫无疑问的。

武王伐纣的历史证物

天亡簋腹内壁有铭文8行78字，可释读如下：

乙亥，王又（有）大丰。王凡三方。王祀于天室，降天亡又（佑）

王。衣（卒）祀于王不（丕）显考文王，事喜（饎）上帝，文王德在上。不（丕）显王乍（则）省，不（丕）肆王乍（则）庸，不（丕）克乞衣（卒）王祀。丁丑，王卿（饗），大宜，王降亡勋釐退囊。惟朕又（有）蔑，每（敏）扬王休于尊。白。

天亡簋铭文拓片

其大意是：乙亥这一天，周王在“天室”举行重大祭典，祭告其父周文王姬昌和天帝，由于他们的佑助，终于灭亡了殷商。一位名叫“天亡”的大臣助祭卖力，得到了周王的赏赐。天亡为了称颂周王的功德，因而制作此簋以为纪念。天亡簋铭文的史料价值重要，而文字又古奥难懂，因此，对该簋铭文考释者、研究者众多。由于学者们对作器者是什么人的看法、解读不一，器名也就诸说纷纭，如陈介祺将铭文中的“朕”误读为“聃”，并认为是毛公所作，因此称之为“聃簋”；唐兰称之为“朕簋”；郭沫若根据铭文“王有大丰”，定名为“大丰簋”；刘心源在《奇觚室吉金文述》中根据铭文“天亡又王”，称其为“天亡”，等等。而“天亡”的赞同者较多，现就成为较为通行的命名。

天亡簋史料价值极高，其中所记的时间点和事件相当重要。铭文中称周文王为“考”，那么这位主持祭祀的周王一定就是周武王姬发。“不克乞衣王祀”明确地证实了周武王灭商这一重要史实。因此，在1976年利簋发现之前，天亡簋是唯一一件能够确证属于周武王时的器物，也是最早的一件能够确证武王伐纣的“地下材料”。仅从这一点来讲，天亡簋的价值就可想而知。结合《尚书·金縢》

的记载，克商后二年周武王就病逝了，因此，铭文所记的“王祀于天室”一事只能发生在武王克商返周、他还健康的时候。这与《逸周书·度邑》《史记·周本纪》等文献中的记载一致。“天室”即为“大室”，本义是指太庙中央之室，泛指太庙。《尚书·洛诰》中说：“王入太室祼。”孔传云：“太室，清庙。”孔颖达疏云：“太室，室之大者，故为清庙。庙有五室，中央曰太室。”这里指周的宗庙。说明武王灭商之后专门去宗庙进行了祭祀。

西周铜器分期断代的科学研究，肇始于20世纪30年代，郭沫若创立的“自身表明了年代的标准器”断代法，第一次将考古类型学方法应用于铜器研究。20世纪末的夏商周断代工程，天亡簋都以其明确的王年、史事和典型的形制、纹饰，成为不可或缺的分期断代研究的可靠依据。此外，天亡簋铭文用韵协调、押韵成熟、韵律锵锵、朗朗上口，这在殷商时期的甲骨文和金文中是见不到的，开创了中国辞赋的先河，也是中国韵文的最早例证。另外，天亡簋铭文的字数接近80个，在西周的有铭铜器中并不突出，但是在目前所知的殷商、周武王时期的铜器中他的铭文字数是最多的，具有里程碑式的意义，可以称得上是后来出现的长达数百字铭文的西周铜器的“鼻祖”。

027

“宅兹中国”的西周往事

何尊

年　代：西周早期，公元前 1046—前 996 年
尺　寸：通高 38.8 厘米，口径 28.8 厘米
材　质：青铜
出土地：1963 年陕西省宝鸡市贾村镇出土
收藏地：宝鸡青铜器博物院

【引言】武王灭商之后，面临的形势依旧不容乐观，周人自身的力量还比较单薄，殷商残余势力的威胁仍较为严重，可以说令当时刚刚建立王朝的周人领袖忧心忡忡、寝食难安。在这种根基未稳的严峻情况下，周武王一方面积极安抚殷商遗民，偃武修文，马放南山；另一方面则在固守关中基业的同时，选定伊洛流域为重点经营的中心地区。周武王的这一宏大战略部署在成王时最终得以实现，定都洛邑，修建宫室，会集兵力，为周朝七百多年的国祚奠定了坚实的基础。

废品收购站买来的国宝

1963年的初秋，阴雨连绵，陕西省宝鸡县贾村塬村民陈堆清早来到后院，不经意间发现坍塌的崖面有两道亮光。于是，他叫上妻子，搬来梯子，爬到崖上，用手刨出了一件铜器。随即两人将这件青铜器收藏在自己家中。后陈堆离开宝鸡去固原，而将此器交于兄弟陈湖保管。1965年，由于自然灾害，陈家生活陷入困境，难以度日。为了生计，陈湖将这件青铜器卖给了废品收购站，以废铜的价格换得30元钱。这件青铜尊不久被宝鸡博物馆的干部

佟太放发现，感觉这是一件珍贵文物，因此就将此事汇报给了馆长吴增昆，吴馆长便让当时的保管部主任王永光前去查看。王永光以30元的价格将此尊赎回，收藏在博物馆内。这是该博物馆自1958年成立以来征集到的第一件青铜器，因此备受重视。1975年，国家文物局在北京故宫举办“全国新出土文物汇报展”，这件青铜尊被调往北京展出。著名的青铜器专家、时任上海博物馆保管部主任的马承源先生受命参与筹备，在清理何尊的铜锈时，他在器物的底部发现了12行铭文，并进行了初步释读，将之命名为“何尊”。文章发表后轰动了学术界，也使何尊身价倍增。

从造型上看，何尊为圆口方体。颈饰兽形蕉叶纹，与蛇纹组合，中段饰卷角兽面纹，圈足也为兽面纹，以细雷纹为地纹，高浮雕，兽面巨睛利爪，粗大的卷角耸出于器表。全器上下有四条大棱脊，造型雄奇异常，本身就是一件难得的艺术品。

何尊铭文拓片

见证“中国”的出现

何尊内底有铭文，除损伤3字外，现存铭文12行，共计119字。铭文可大体释读如下：

惟王初迁，宅于成周，复禀武王丰，福自天。在四月丙戌，王诰宗小子于京室曰：昔在尔考公氏克弼文王，肆文王受兹大命。惟武王既克大邑商，则廷告于天曰：余其宅兹中国，自之乂民。乌呼！尔有唯小子。亡识视于公氏，有劳于天，彻令。敬享哉！唯王恭德裕天，训我不敏。王咸诰何，锡贝卅朋，用作□公宝尊彝。惟王五祀。

整篇铭文的大意是：周成王姬诵开始在成周营造都城，对周武王举行丰福之祭。四月丙戌这一天，周成王在京宫大室中对宗小子进行训诫，内容讲到宗小子的先父公氏归随于周文王，文王受到了上天所授予的统治天下的大命。武王在消灭“大邑商”之后，告祭于天说，我要以此天下四方的中心之地作为都城，来统治人民！成王还对宗小子说，你这个青年人应该看到你的父考公氏有勋劳于上天，要很敬重地祭祀啊！王有恭顺的德行，能够顺应上天，真是教育了我这个迟钝的人。成王的告诫结束后，何被赐予三十串贝。何为纪念这一荣宠，因而制作了这个祭祀的宝尊。时在成王第五个祭祀年。

从铭文可知，作器者名叫“何”，因此我们称这件器物为“何尊”。何尊的铭文记载了文王受命、武王灭商和成王完成武王遗愿营建成周洛邑这两个非常重大的历史事件。据史书记载，武王灭商后，为了巩固政权，利于统治，认为伊水和洛水一带地理形势很好，于是在这里初步建造了一座城邑，用来镇压、安抚殷商的残余势力和友国，从而保证西周的胜利果实。这就是《史记·周本纪》中所记“武王营周居洛邑而后去”。这得到了何尊铭文“武王既克大邑商，则廷告于天曰：余其宅兹中国，自之乂民”的有力支持和证实。武王死后，成王年幼，周公摄政君临天下，不久就发生了武庚禄父联合管叔、蔡叔的共同叛乱。接着，东方的熊、盈等国族和东南的徐戎、淮夷也一起叛乱。平定了这些叛乱后，成王继续营造洛邑。这与何尊铭文“惟王初迁宅于成周”相吻合。另外，何尊的铭文中出现了目前所知最早的、明确提出“中国”这一专有名词，这对了解和认识中华民族的过去、现在和未来都具有重要意义和价值。铭文所记的“中国”在当时指的是洛邑为“天下之中”，是西周的“中心之地”，这清楚地表明了西周的建都原则，也开创了以后历代王朝的建都传统。

028 国家宝藏

礼乐征伐自天子出

宗周钟

年　代：西周晚期，公元前 877—前 771 年
尺　寸：通高 65.6 厘米，两铣间相距 32.5 厘米
材　质：青铜
出土地：不详
收藏地：中国台北故宫博物院

【引言】西周时期建立的礼乐制度对其后的近三千年的中国社会和文化产生了巨大而深远的影响。这套完备、严密的等级制度，是孔子心目中最为理想的社会制度，“天下有道，礼乐征伐自天子出。”“礼云礼云，玉帛云乎哉？乐云乐云，钟鼓云乎哉？”可见，在西周的礼乐制度中，制礼作乐是和天子紧密相关的，而传世国宝宗周钟就是一件与周天子有关的青铜器。

西周时期的青铜钟

我们常说的“礼乐文明”或者“礼乐制度”是西周文化的一大特色。周公制礼作乐一说，千百年来一直被奉为美谈。孔子就曾发自内心地感慨道：“周监于二代，郁郁乎文哉！吾从周。”礼乐最重要的物质载体就是相关的各种器物。如果说“鼎簋”是“礼”的象征，那么“钟”就是“乐”的代表。乐器的制作，根据所用材料的不同，有“八音”之称，即金、石、丝、竹、匏、土、革、木八种。“金”指的是青铜，而青铜乐钟是其中最具特色和代表性的器类。青铜乐钟是在商代铜铙的基础上产生的，在西周时期发展成为世界青铜文化中一朵绚丽夺目的奇葩。

根据形状的不同，青铜乐钟可分为钟和镈两大类。桥形口者为钟，平口者叫镈。只是到了后来，平口的也有叫作钟的，如宋代大晟钟。就其悬挂部分来说，青铜钟又有甬钟和钮钟之分。甬形者，只用于钟，而不见用于镈；钮形者，则钟与镈二者兼有之。

以甬钟为例，让我们首先认识一下乐钟各部分的名称。钟体上端的柄状物叫作“甬”。“甬”的顶部叫作“衡”；悬挂钟体用的环叫作“斡”；甬上突出的凸带，用以衔斡，叫作“旋”。甬与钟体相连接的平面叫作“舞”。从“舞”往下到“枚”的两个边及中间的宽带叫作“钲”。两边“钲”的下面到口角这一段叫作“鼓”，中间“钲”下面的部分叫作“隧”。钟口的两个尖角叫作“铣”。桥形的口缘叫作“于”。钟体上乳钉状物叫作“枚”，枚的顶部叫作“景”，“枚”与“枚”之间的纹饰宽带叫作“篆”。

弄清楚了钟的各个部分，现在就让我们来欣赏一下著名的宗周钟。

王室礼乐的见证

宗周钟铸造精良，气魄宏大，装饰华丽，庄重典雅，在传世的青铜乐钟之中极为突出。这件铜钟舞上置圆柱形空甬，有旋有斡。钟体呈合瓦形，于口弧曲上收。二节圆柱形枚36个。这些突出、醒目的枚，彰显了宗周钟的华丽与气派。旋、舞均饰云纹，篆间饰双头龙纹，钲鼓部饰一对凤鸟纹。铭文在钲间四行，鼓左八行连到背面鼓右五行，共计17行，122字，是西周铭文最长的单件乐钟。铭文大意为：周厉王时，南方的淮夷服子入侵周土，厉王便效法他的祖先文王、武王，亲自率领大军征讨，一直追到敌方的都邑，服子只好派遣使者前来迎接，并表示臣服。同时，南方及东方的26个邦国代表，也随同朝见。周厉王取得了战争的胜利，为了感激天帝及百神保佑，特意制作了宝钟，并祈求先王们降赐子孙福寿，安保四方太平。

铭文中有“对乍宗周宝钟”，因此在清乾隆十四年（1749）所编的《西清古鉴》中称之为“周宝钟”。铭文中有“㝬其万年”，“㝬”“胡”音近可转，与文献中记载周厉王名胡相吻合，从而确定这件乐钟是周厉王时期的器物，也是一件罕见的周天子自作器，因此这件乐钟也曾被叫作“㝬钟”。

西周晚期，由于各种社会矛盾长期积累，政治危机不断加剧，西周王室已处于江河日下的颓势之中。周厉王面对这种困境，并未锐意进取，积极应对，反而通过专利的手段压榨人民，攫取财富；重用佞幸小人，拒绝贤臣劝谏；严苛专横，通过高压政策钳制众口等等。这些倒行逆施进一步激化了矛盾，最终造成了国人暴动，周厉王出逃到彘地（今山西省霍县东北），至死也没能回到宗周或洛邑，弄得身败名裂，成为“暴君”“暴政”的典型反面教材。这些“内忧”见于流传下来的先秦文献，其实周厉王时还面临很大“外患”，史书中却语焉不详。而宗周钟的长篇铭文较为详细地记载了周厉王亲征淮夷这段鲜为人知的史实，是西周晚期历史的重要补充。其中虽有自夸式炫耀的成分，但在很大程度上还是提供了丰富的信息，保存了重要的史料。

宗周钟铭文局部

029 周王的祭祖典礼

国家宝藏

㝬簋

年　代：西周晚期，公元前 877—前 771 年

尺　寸：通高 59 厘米，口径 43 厘米，腹深 23 厘米

材　质：青铜

出土地：1978 年陕西省扶风县齐村出土

收藏地：宝鸡青铜器博物院

【引言】青铜簋是商周青铜礼器中颇为常见且非常重要的一类器物。在目前传世和出土的数量众多的青铜簋之中，明确的周王自作的青铜簋数量极为有限，而这件曾为周厉王所有的㝬簋能够让我们见识并领略到“王器”的风采

与气势，同时更能了解西周天子祭祀先王的种种礼仪。

天子作器，簋中之王

1978年5月5日，扶风县法门公社齐村的村民在修陂塘时，于距离地面约3米深的一个灰窖中，挖出了一件青铜重器，就是㝬簋。后来，村民将其与另外一件挖出的青铜簋（丰邢叔簋）一并上交到了博物馆。

㝬簋器型厚重，敞口微侈，束颈，鼓腹，浅圈足略向外撇，下接方座。两兽耳，兽角卷曲突起，长牙卷向上方，下有卷云纹垂珥。颈部与足饰窃曲纹，器腹和底座四面饰直棱纹，方座上部的四角饰兽面纹，纹饰质朴规整，相得益彰。直棱纹是商周青铜器上的一种重要装饰，尤其是簋形器，常以直棱纹为主体装饰。直棱纹最早出现在商代晚期，西周早期是它的兴盛期，西周中期之后开始衰落，到了西周晚期逐渐消失，只见于一些青铜簋上。㝬簋的腹部和方座上均以直棱纹为主体纹饰，简洁大气，引领了西周晚期青铜期装饰风格的改变。㝬簋是西周青铜簋中形体最大、分量最重的青铜簋，重达60千克，堪称“簋王”。相比于这件周王之器，朝廷大臣或方国诸侯的方座簋就要小得多了，充分显示了周王“天下共主”的独尊地位。

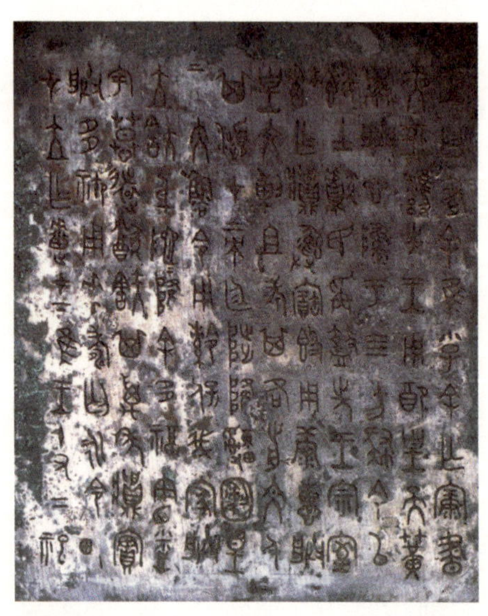

㝬簋铭文

周王室祭祀先王的礼仪

㝬簋腹内底部有铭文12行，共计124字。铭文书体工整，字形规正而不失变化，笔道圆转又内蕴力度，典雅秀美，显示出特有的风采与气韵。铭文简释如下：

王曰：有余隹小子，余亡康昼夜，坙雝先王，用配皇天，簧黹朕心，坠于四方。肆余以餗士献民，爯盩先王宗室。㝬作䵼彝宝簋，用康惠朕皇文列祖考，其各前文人，其濒才帝廷陟降，緟诱皇□大鲁令，用𩁹保我家、朕位，㝬身阤阤，降余多福，宪烝宇慕远猷，㝬其万年䵼，实朕多御，用祈寿，匄永命，畯在位，作疐在下。隹王十又二祀。

根据铭文所记，“㝬作䵼彝宝簋”，“㝬其万年䵼”，㝬就是传世文献中记载的周厉王姬胡。因此，可知作器者与所有者就是周厉王本人。这是迄今为止发现的为数不多的具有明确出土地点的周王之器。铭文中说：“肆余以餗士献民，爯盩先王宗室。”餗士献民，指的是周王朝的世家贵族；宗室，指的是宗庙。意思就是周厉王率领着众多贵族，恭敬虔诚地祭祀先王宗庙。当然，只有虔诚的心是不够的，还需要专门的器物加以证明，并借以进行沟通与交流。因此，接下来的铭文说：“㝬作䵼彝宝簋，用康惠朕皇文列祖考，其各前文人，其濒才帝廷陟降，緟诱皇□大鲁令。”㝬是周厉王自称其名，表明自己是作器者。在西周金文语境之中，䵼彝与宗彝对言，后者多指酒器，而前者常指烹煮及容盛食物的器皿，这也表明了㝬簋的用途与功能。祖考指的就是祖先，在祖考前加“皇、文、烈”三个形容词的情况在西周金文中并不多见，意思是伟大的、有文德的、功绩显赫的祖先，如此称颂祖先，强烈地表达、渲染了周厉王对先王的尊敬。帝廷，也可称作帝所，是上帝的所在之处。

在西周人的宗教观念、信仰体系之中，天空中有一个与地面上相对应的王朝，地上的王死去了，如果德行很好，就可以到天上去。在周人看来，历代去世的先王都在帝廷上帝的左右，经常在天上、地下来回走动，当人间的周王祭祀祖先时，祖神们就纷纷来到地下的宗庙之中，歆享人们供祭的牺牲醴酒等物品，并降赐给子孙福佑平安。这如同《诗经·大雅·文王》中所记：“文王陟降，在帝左右。”总体而言，在对祖先的祭祀之中，如果祖先对周王的祭品满意，能够保佑后世子孙，那么祭祀的目的也就达到了，祭祀就算是圆满完成了。

中国的古礼，传统上分为吉、嘉、宾、军、凶五种，然而“礼有五经，莫重于祭”，祭礼最为重要。在祭礼之中，又以祭祖礼最为重要。作为中国文明重要标志的礼在经历夏、商两代以至周初数百年发展之后，终于步入它制度化的鼎盛时期，也就是说，西周礼制终于正式确立。孔子曾说：“殷因于夏礼，所损益，可知也；周因于殷礼，所损益，可知也。”周人对祖先崇拜观念的进一步加强、对祖先神的进一步重视和祭祀宗庙祖先之礼的社会功能化与政治化，应该说是周礼非常鲜明、突出的特点。从西周金文的内容来看，周人对祖先十分崇拜，并为此制定了很多相应的礼仪。西周的这种“敬祖”的观念和意识对后世影响极为深远，历代统治者所宣扬的“周礼”，其核心就是这种意识；而以孔子为代表的儒家所大力倡导的“孝道”，其根源也在于此。

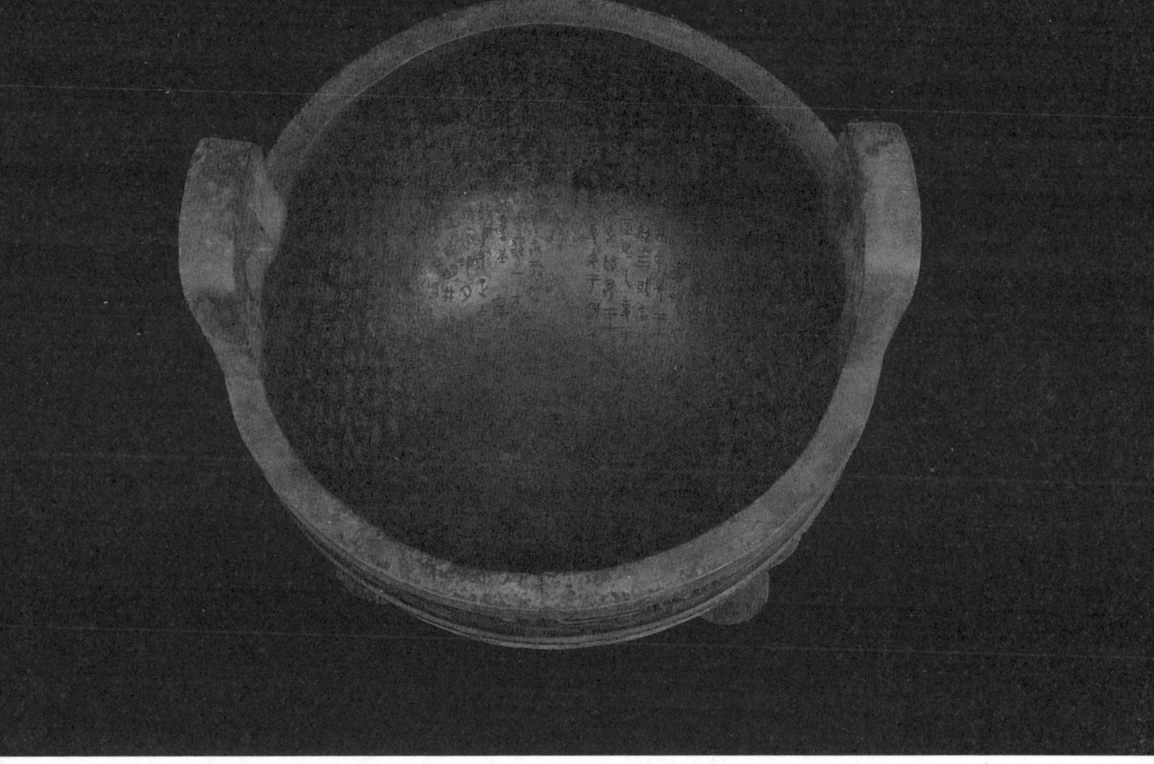

030 金文中的皇皇巨著

国家宝藏

毛公鼎

年　代：西周晚期，公元前 877—前 771 年

尺　寸：通高 53.8 厘米，口径 47.9 厘米

材　质：青铜

出土地：1843 年陕西省岐山县出土

收藏地：中国台北故宫博物院

【引言】商周时期，是中国青铜文明臻于鼎盛的重要历史阶段。出土的青铜器不仅种类繁多、工艺高超、绚丽精美，并且相当一部分还带有文字，我

们常常称之为金文、铭文或者钟鼎文等。青铜器上的铭文，少者三五字，多则上百字。特别是到了西周中期，铸有上百字铭文的青铜器已较为常见。这些铭文真实地记载了当时社会政治、经济、文化、思想等多方面的内容，既弥补了传世文献的阙如，也可以印证、还原历史，还能够纠正传统记载的谬误，具有重大的文献、历史价值。从目前的发现来讲，西周晚期的毛公鼎是铭文字数最多的青铜重器，其文字洋洋洒洒，是最为宏大的一篇青铜史诗。

毛公鼎的流转过程

清朝道光末年，陕西省岐山县董家村的村民在种地时无意间将毛公鼎发掘了出来。之后，毛公鼎辗转落入西安古董商人苏亿年之手。咸丰二年（1852），苏亿年将毛公鼎运到北京，时任翰林院编修、国史馆协修、著名金石学者、大收藏家陈介祺以三年的俸银1000两将其购买下来。不久，陈介祺辞官回家，毛公鼎也一同来到了山东潍坊。陈介祺收藏毛公鼎之后，一直秘不示人，外人很难一睹真容。这样，毛公鼎一直在陈介祺手中秘藏了30年。陈介祺死后，毛公鼎在陈家又收藏了20年。不过，随着陈家家道衰落，1902年，两江总督端方依仗权势派人至陈家，强行将毛公鼎买走。1911年，端方在四川被保路运动中的新军刺死。端方之女出嫁河南项城袁氏，欲以毛公鼎作陪嫁，而袁家不敢接受，端氏后裔于是就将该鼎抵押给天津俄国人开办的华俄道盛银行。1919至1920年间，一个美国商人欲出资五万美元将毛公鼎买走。消息一经传出，国内舆论一片哗然。时任北洋政府交通总长的大收藏家、书法家叶恭绰买下了此鼎。于是毛公鼎又来到叶家，先是放在其天津家中，后又移至上海叶氏的懿园。抗日战争爆发后，叶恭绰避走香港，毛公鼎仍旧留在上海。日本人得知了毛公鼎的消息，抓住叶恭绰的侄子叶公超，逼问鼎的下落。叶公超为了避免这件国宝落入敌手，丝毫没有透露毛公鼎的消息。为救性命，叶家制造了一件假鼎交给日军。叶公超被释放后，将毛公鼎秘密地带到了香港。抗战胜利前，叶家又托人将毛公鼎带回上海。此时，叶家已经财力不支，无奈之下只得变卖这件宝鼎。上海商人陈永仁愿买此鼎，并发誓抗战胜利后捐献国家。于是，毛公鼎又转至陈氏手中。后来有人把毛公鼎送给了戴笠。戴笠死后，毛公鼎被收存于“上海敌伪物资管委会”。抗战胜利后，时任国民政府教育部长的徐伯璞为了防止毛公鼎再次流落，竭尽全力，从“上海敌伪物资管委会”将宝鼎取回，移交给当时的中央博物院收藏。1948年11月，毛公鼎与众多故宫文物珍宝一道被国民党运到台湾。1965年，“台北故宫博物院”正式建成，毛公鼎入藏博物馆，成为其镇馆之宝之一。

金文之最的毛公鼎铭文

毛公鼎自出土以后，就一直备受关注，曾享有晚清“海内三宝”之美誉。器形为直口折沿，半球状深腹，圜底，兽蹄形足，口沿上树立形制高大的双耳，口沿下饰一周重环纹。毛公鼎造型浑厚而凝重，装饰简洁而朴素，显得庄重而典雅。如果我们通览一下西周时期的青铜礼器，很容易就会发现，毛公鼎在造型上并无奇特之处，纹饰上也无华丽之巧，那么为什么会享受国宝级的待遇呢？其中的奥秘，就在于毛公鼎的铭文。

毛公鼎的腹内，铸有铭文32行，连重文共计497字，是迄今为止青铜器铭文之中字数最多、篇幅最长的，称得上是“金文之最”。王国维先生曾称赞道：“三代重器存于今日者，器以盂鼎、克鼎为最巨，文以毛公鼎为最多。”

毛公鼎的铭文文体特征鲜明，整篇铭文分五段，每段以“王若曰”或“王曰”为开头，分别讲述一个主题，具有极强的层次性和条理性。“王若曰”是商周甲骨文、青铜器铭文，以及《尚书》之《商书》《周

毛公鼎铭文局部

书》中较为常见的一个词语，它出现在王发布的“命”或“诰”的前面，起着引领全篇的作用。因此，毛公鼎铭文是一篇典型的、写实的诰命体史料。铭文的第一段追述了周文王、武王开国时的文治武功；第二段周宣王策命毛公治理邦家的内外事务；第三段给予毛公以宣示王命的特权；第四段告诫并鼓励毛公以善从政；第五段记录了宣王赏赐给毛公大量华贵的物品，如美酒、玉器、祭服、车具、宝马等。毛公为感谢和称颂周王的赏赐与美德，专门铸造此鼎以示纪念。

周宣王是周厉王之子，是西周晚期一名比较有作为的周王。当时王室衰微，礼崩乐坏，诸侯离心，社会动荡，周宣王即位后，确实有所革新与改变。他吸取教训，虚心纳谏，广开言路，不再一意专行；选贤使能，任用了尹吉甫、仲山甫、程伯休父、虢文公、申伯、韩侯等一大批贤臣辅佐朝政；在经济上安定农民，减轻服役，恢复并促进了社会生产的进一步发展；军事上改善装备，扩充人员，外攘夷狄，平定寇乱；种种举措造就了为后世史家所称道的“中兴”之势。毛公鼎铭文记录了周宣王在位初期力图革除积弊、中兴王室的决心，任命重臣毛公厝辅佐周王、处理事务的举措；而毛公也尽心尽力，效力王室，拥戴周王。由此可知，毛公鼎铭文颇为生动、真实地反映了“宣王中兴”时的局面。

从历史观点来看，周宣王承厉王之积弊，北有玁狁的侵袭，南有淮夷的叛乱，危机四伏。并且当时的社会财富的分配已严重失衡，此前的金文并未出现社会婚姻情况的记载，没有鳏寡现象，而此鼎铭文中特意强调这一点，说明这一社会问题已经引起了宣王的注意。铭文中宣王对庶民财产和男女婚姻表现出的忧虑，表明了宣王对当时的周王朝的危机认识比较深刻，因此才对毛公进行谆谆训诫，以期扭转周王朝的困局。

毛公鼎铭文和《尚书·文侯之命》以及《诗经·大雅·韩奕》的用语和内容颇为近似，是非常珍贵的西周晚期的文献资料。毛公鼎的铭文还有很高的书法艺术价值，笔道圆润，书写便捷，结构和谐优美，弧形笔画柔美，直形笔画刚劲；大部分字趋于长方，相当一部分字长、宽之间比例接近于黄金分割，是大篆最成熟的形态。晚清著名书法家李瑞清对毛公鼎铭文推崇备至，称赞道：“毛公鼎为周庙堂文字，其文则《尚书》也；学书不学毛公鼎，犹儒生不读《尚书》也。”

第四章

国家宝藏

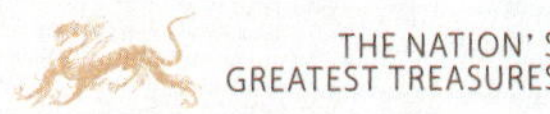

THE NATION' S GREATEST TREASURES

争霸与争鸣的时代潮流

进入春秋战国时期，青铜文化依然在延续着曾经的辉煌，并且被赋予了新的内涵，形成了一种独特的地域性很强的艺术魅力。曾侯乙墓、中山王墓、淅川楚墓等一系列震惊中外的考古发掘，让世人瞠目结舌，叹为观止。诸侯之间的争霸，战乱与纷争成为时代主题，铁器登上了历史舞台，诸子百家在这个时代相互争鸣。在战争的背后，春秋战国作为中华文明发展的一个重要时代，为后人留下了丰厚的物质遗产。曾侯乙编钟让后人领略了中国古代音乐的震撼性魅力，越王勾践剑让后人见证了吴越地区高超的青铜冶炼和铸剑技术，杜虎符让后人了解了这个时期的军事制度，匈奴金冠向后人展示了这个北方游牧民族文化中光彩夺目的一面……这一切，都是争霸的见证；这一切，都是争鸣的体现，这就是看得见、摸得着的春秋战国时代。

031 铁器时代的来临

青铜柄铁剑

年　代：春秋，公元前 770—前 476 年

尺　寸：柄长 85 厘米，镡长 4 厘米；剑叶残长 9 厘米，宽 3 厘米

材　质：青铜、铁

出土地：1957 年甘肃省灵台县景家庄出土

收藏地：中国国家博物馆

【引言】自古以来，人类为了开疆拓土，便免不了战争。人和动物最本质的区别就是人会制造和使用工具，渐渐地，兵器从众多的生产工具中分化出来，成为一种单独的作战工具——冷兵器时代开始了。青铜柄铁剑作为一件春秋

时期的兵器，残缺的锈迹斑斑的铁质剑叶向我们证明了，这是中国迄今发掘出土的最早人工冶铁制品之一，证明至迟在春秋早期，中国已经掌握了冶炼生铁的技术，铁器时代来临了。

中国冷兵器的起源与分类

远古时期的人类发明了许多生产工具，例如河姆渡居民和半坡居民用石头打磨出耜、刀等，用于农耕。在那一段漫长而久远的岁月里，原始人类的社群之间，如果发生了战争，他们的战争可能是单挑式或群体式的，使用的工具可能都是棍棒、兽骨或是石头。不过这些考证起来特别困难。能够肯定的是，在兵器作为一种独立的作战工具之后，冷兵器时代就正式开始了。有的学者认为，中国的兵器最早是由蚩尤或黄帝发明的，约在4600多年前，因此中国的兵器从生活和生产工具中分化出来的时间，可能距今至少有4600多年了。

冷兵器，顾名思义，就是指不带火药、炸药或其他燃烧物，在战斗中直接杀伤敌人、保护自己的近战武器装备。冷兵器的种类非常丰富，有短兵相接的，也有远程攻击的，有主要功能是防守的，也有负责强攻的，等等。现在人们熟知的“十八般武艺”，全指冷兵器，曲艺界将其俏皮地总结为：刀、枪、剑、戟、斧、钺、钩、钗、鞭、锏、锤、抓、镗、棍、槊、棒、拐子、流星，带钩儿的，带尖儿的，带韧儿的，带刺儿的，带峨眉针儿的，带锁链的，扔出去的，勒回来的……1957年出土于甘肃省灵台县景家庄的青铜柄铁剑，就属于排在第三位的剑这一大类。

此剑柄镡相连，皆用青铜铸成，两面有对称纹饰，柄中部有长形镂孔4个，焊接于铜镡上。铁剑叶全部锈蚀，从铁锈上可以清楚看出有用丝织物包裹的痕迹。春秋时期，周王室衰微，大国争霸、土地兼并的事件此起彼伏。在两千多年前兼并战争的冷兵器战场上，剑是主要的战斗工具，关系到国家的存亡。而当时普遍使用的是青铜剑，用铜锡铅合金铸造而成，质地较脆，在长度和硬度两方面逐渐不能适应战场上士兵的要求。随着人们对铁的进一步认识，将铁运用在剑制作上的想法也就油然而生。

中国铁器时代的到来

古籍《越绝书》中记载了著名铸剑师欧冶子铸造的“越国五剑”，这是五把青铜宝剑：鱼肠、湛卢、胜邪、纯钧和巨阙，在春秋时代的争霸中扮演过重要的角色，是早先青铜剑中的翘楚。楚王邀请欧冶子为其铸造铁剑，在当时冶铁技术并不发达的情况下，这对欧冶子来说是一个巨大的挑战。铁的熔点在1500℃左右，当时的冶炼技术达不到这个温度。欧冶子在浙江龙泉找到了一种材料——松木炭，它产生的松脂可以将铁的熔点降低，促进铁矿石的熔化，从而炼出毛铁。欧冶子将毛铁放到熔炉里反复加热，反复折叠锻打，逐步去掉其中的杂质。这样就大幅度提高了铁的韧性，增加了铁块含碳量，铁的强度也随之增加。最后是最重要的工序——淬火，把剑在炉中烧到一定温度，然后让它在水里迅速冷却，使在加热中聚集到铁表面的碳原子突然被水冷却，来不及扩散迁移，被强制限制在铁原子之间，铁的硬度得到大幅度提高。经过淬火，剑的硬度得到了质的改变，再经过十几道的研磨工序，一把锋利无比、寒气逼人的宝剑就最终制造完成了。

铁剑相比青铜剑有更加锋利、不易折断、韧性更强等优点，使它可以使用更长时间，这都是利于作战的。随着春秋晚期铁剑的铸造，金戈铁马的战国拉开了序幕。目前出土的铁剑，以在楚国发现的为多，1957年于甘肃灵台景家庄出土的这把铜柄铁剑，剑柄和剑柄末端的突起部分直接相连，为青铜铸成；剑叶为铁质。这柄铁剑和1990年河南三门峡春秋早期虢国一号墓所出的铜柄铁剑一样，都被证明为人工冶铁制品，绝非陨铁，这证明了最晚在春秋早期，中国已经迎来了铁器时代。

石器时代、青铜时代、铁器时代是冷兵器时代发展的三个重要阶段，铁器时代也是人类发展史中一个重要的阶段。铁器时代的来临有着重大的意义。一般来说，铁器的硬度超过青铜器，在作战中可以提高作战效率，在日常生活中可以提高工作效率，促进生产力发展。加上青铜的成本高，主要用于兵器和礼乐器，只有国家大事才可以使用，而地壳中铁元素的丰度远超过铜元素，铁矿的分布非常广阔，丰富的铁矿资源为铁器的生产提供了原材料，使铁器生产的成本降低。因此，中国的铁器时代来临后，是进入了一个更强生产力、更高战斗力的时代。

032 晋文公复国到践土会盟

子犯和钟

年　代：春秋，公元前 770—前 476 年
尺　寸：全套大小八件，最大者通高 71.2 厘米，最小者通高 28.1 厘米
材　质：青铜
出土地：传 1992 年山西省闻喜县出土
收藏地：中国台北故宫博物院

【引言】子犯和钟是一组编钟，成组八件，各有刻铭，记载了晋文公重耳“晋公子复国”“城濮之战”“践土之盟”等重要史实。子犯和钟由大小不同的扁圆钟按照音调高低的次序排列起来，悬挂在一个巨大的钟架上，用丁字形的木槌和长形的棒分别敲打铜钟，能发出美妙的乐音。它是春秋时期特定历史事件的物质载体。

晋文公霸业的主推手

1994年11月，中国台北故宫博物院收入了12件编钟，据传闻，这些编钟来自山西省闻喜县某春秋墓葬。全套编钟大小不一，高低轻重颇有次序。其形制大体相同，造型为长腔封衡，鼓部较宽，饰以雷纹和夔纹。根据编钟钲部的铭文可以得知，这些编钟的制作者是子犯。

子犯可以说是春秋时期大名鼎鼎的人物。在《左传》中曾多次出现。子犯是晋文公重耳的舅舅，本名狐偃，生年不详，卒于周襄王二十三年（前629）至二十四年（前628）间。曾经担任晋上军佐将，父亲狐突、兄弟狐毛也是晋国名将。《史记·晋世家》说：“狐偃咎犯，文公舅也。”可知子犯为重耳的舅父，典籍称舅犯，一作咎犯。狐偃一生最大的功绩即在于钟铭所记的三件大事：一为护佑重耳出亡以及返回晋国，夺回君位；二为晋楚城濮之战中大败楚国；三是城濮之战胜利后在践土召集天下诸侯，确立晋文公重耳的霸主地位。

晋献公二十一年（前656），晋国发生“骊姬之乱”，太子申生自杀，公子重耳、夷吾出奔。在这个危急关头，子犯作为公子重耳的舅父和随从，和赵衰、颠颉、司空季子等人保护着重耳出逃狄国。结果在狄国待了10余年，毫无进展，重耳决定离开狄国，周游天下。在流亡途中，经过五鹿，子犯说服重耳接受乡下人馈赠的土块，并认为这是上天赏赐的土地，是重耳夺回君位称霸诸侯的象征。后来重耳到了齐国，锦衣玉食，“安齐而有终焉之志”，这时候子犯的作用就显示出来了，他和其他人谋划“醉重耳，载以行”，显示了他的果敢和当机立断的魄力。

子犯追随重耳在外前后流亡达19年之久，在秦穆公派兵护送下，重耳回到晋国。在黄河岸边，子犯拿起一块宝玉献给公子重耳以示请罪，说：“臣从君周旋天下，过亦多矣。臣犹知之，况于君乎？请从此去矣。”公子重耳说：“若反国，所不与子犯共者，河伯视之！”说着把那块宝玉扔到了河里，以示求河神作证。这是子犯聪明的地方，在复国大业即将实现的时候，子犯很聪明地想好了自保之策。后来晋、楚城濮之战，战前晋文公梦到和楚王搏斗，楚王伏在自己身上吸吮自己的脑浆，因而感到十分恐惧害怕。子犯根据人死仰身葬表示“得天”，俯身葬表示获罪被杀的不同葬式的情况，比附晋文公与楚成王的搏斗情形来鼓舞晋文公，认为这个梦非常吉利，这是上天在帮助晋国打败楚国称霸诸侯。果然晋文公听后大受鼓舞，不但因此消除了恐惧，而且信心倍增，主动“退避三舍”，避开楚军的锋芒，最终大获全胜。五月初十，晋文公重耳在践土这个地方会集诸侯，邀请周天子参加，正式确立了霸主的地位。

通过上述史实可以看出，子犯作为晋文公的左膀右臂，既有智慧，又有谋

略，在晋文公复国和称霸的过程中，子犯运筹帷幄，促成了晋文公的霸业，可以说是晋文公称霸的主推手。而子犯和钟的出土，结合现有的历史资料，对于揭示晋文公称霸的真实面目和子犯的作用，具有不可忽视的意义。

子犯和钟局部

子犯家族的传世国宝

“子犯和钟”之称“和钟”，是直用钟上原铸铭文所称，意为调和组合成套的钟。该钟全铭132字，铭文释写如下：

唯王五月初吉丁未，子犯佑晋公左右，来复其邦。诸楚荆不圣（听）命于王所，子犯及晋公率西之六师博（搏）伐楚荆。孔休，大上楚荆，丧厥师，灭厥禹（渠）。子犯佑晋公左右，燮诸侯，俾朝王，克奠王位。王易（赐）子犯辂车、四马、衣、裳、带、市、冠。诸侯羞元金于子犯之所，用为和钟九堵，孔淑且硕，乃和且鸣，用燕用宁，用享用孝，用祈眉寿，万年无疆，子子孙孙，永宝永乐。

子犯编钟自中国台北故宫博物院张光远先生公布于世以来，受到学术界的极大关注，不少学者就编钟的排次、钟铭释文、史事以及历日等问题展开了热烈的讨论。铭文中主要记叙了三件大事：第一，子犯佐晋公子重耳返晋复国。铭文中的“唯王五月”指的是晋文公五年（前632），表明了时间，而此年正是晋文公践土会盟的年份。“来复其邦”则是陈述子犯辅佐文公复国之事。第二，晋、楚城濮之战。铭文以简洁的文字追述了晋、楚城濮之战，虽然内容很简练，却完全能和《左传》《史记》的记载相印证，足见此铭文史料价值之高。第三，践土之盟。关于这一历史事件，《左传》有详细记述，尤其是晋文公接受周天子赏赐的内容最为详尽。而铭文中则重点记载了子犯接受赏赐的内容，更重要的是子犯铸钟所用的铜乃是参与会盟的诸侯的赠品，这些足以说明子犯的身份与地位。作为历史、考古的一手材料，通过对钟铭文的释读，证明了子犯在晋文公一生中的重要作用，他是当之无愧的一代贤臣。而将子犯和钟铭文与《左传》等历史著作进行印证，很容易发现其吻合之处甚多，并且铭文中的记载还可以补文献之不足。从铭文内容看，子犯在晋文公称霸的过程中起到了举足轻重的作用，为我们重新审视晋文公称霸这一历史事件提供了难得的考古资料。可以说，子犯和钟是关于晋文公历史的最直观见证。

033 来自楚国的青铜重宝

国家宝藏

王子午鼎

年　代：春秋，公元前770—前476年

尺　寸：高67厘米，口径66厘米

材　质：青铜

出土地：1978年河南省淅川县下寺2号墓出土

收藏地：中国国家博物馆

【引言】春秋晚期所铸造的王子午鼎是王子午的器物，王子午是位列春秋五霸之一并“问鼎中原”的楚庄王的儿子。该鼎造型独特，纹饰精美，被誉为春秋时期楚国青铜器的巅峰之作。

河床里挖出青铜鼎

王子午鼎1978年出土于河南省淅川县下寺楚墓。它的出土可谓“天时地利”。当时久旱不雨，淅川县境内的丹江水库趋于干涸，河床出现了裂缝。有一天，一个孩子在水库边玩耍，不小心被绊倒在地，仔细一看，竟然是个铜制的东西，而在它的旁边还有几件模样相似的青铜器露出一角。孩子不明白这是什么，回去将这一消息告诉大人们。因为淅川县以前就发现过文物，人们意识到也许这又是不知哪个朝代的文物，于是立即拿起工具赶到河床。他们发现，河床上露出很多大小不一的“铜角”。大家不敢怠慢，立即上报了淅川县文物局，淅川县文物局得到消息后，立即组织考古人员进行保护挖掘工作。三天之后，发现这是一个墓葬。根据墓中出土的礼器、乐器、兵器、玉器判断，墓葬所处时代为春秋时的楚国。墓葬虽曾被盗，但还是出土了不少陪葬物，且八成以上为国家一级文物。在出土的诸多文物之中，2号墓出土的一系列鼎让人尤为惊叹，一共是七件，造型纹饰几乎相同，只是大小有所差别。这些鼎出土时好几个已破碎。专家们经过近四年的修复，终于让其中的五个鼎重现了当日的华美。

铭文印证王子午的存在

这些鼎的拥有者是谁呢？专家们发现这七个鼎内均有铭文，而且这些铭文字体常不规则，且有很多装饰性的线条，与以往的篆书等字体差别甚大。这种文字习惯呈鸟虫形，是流行于春秋中期至战国早期的吴、越、楚等地的一种金文字体。因为字体形制优美，因此鸟虫文被称为“中国最早的美术字”。

随着工作人员对鼎中铭文的研究、释读，发现铭文中十分清晰地记载了“王子午”的字样。铭文中记载有：“王子午罤其吉金，自作彝脀鼎。”又云：“令尹子庚，殹民之所敬。”这几句对判断鼎的主人意义重大。王子午在史籍中有据可查，《左传》等史籍中有多个地方讲到他。根据这些记载和后人的注释，可知王子午，字子庚，是春秋五霸之一楚庄王的儿子，也是楚共王的弟弟。他在楚共王时任司马之职，参加了对吴国的庸浦之战，大败吴师。楚康王二年担任令尹，康王六年曾率军伐郑，康王八年去世。据史料记载，有一次王子午护送王后秦嬴（秦景公之妹）回娘家，却被秦国扣留。他的弟弟以三百金贿赂了晋国大臣，让晋国修筑壶邱城（陈国地，在今河南新蔡），并对秦国说，如果你们放了楚王的弟弟，我们就不筑城。秦人怕晋军因此长驻陈地，只好放了子庚。为此楚国又送了三百车重礼给晋国以示感谢。从这些记载中，我们可以想象王子午在当时对楚国是何等重要。

铭文中记载了王子午一生的功德，说他有德于民，有功于国，所以受人尊敬。同时铭文中还表明这件鼎是用来祭奠先王和盟祀用的，可见这是王子午生前所铸。王子午鼎不仅提供了墓主人的身份，鼎中的铭文还印证了王子午的存在。

七鼎之尊

王子午鼎是春秋时期楚国的青铜器，七个鼎由大到小排列。河南博物院里陈列的是其中最大的一件，另外的几个鼎现分别收藏在中国历史博物馆、河南省文物考古研究所和淅川县博物馆。

王子午鼎从造型到花纹都十分精美，具有典型的楚国风格，它内收的腰腹和外撇的双耳，与一般棱角分明或是鼓腹、立耳的中原鼎明显不同，具有强烈的动感和曲线美，不禁让人联想到“楚王好细腰”的故事。鼎的周围攀附着六个立体怪兽，每个都由两条夔龙蜷曲盘绕而成，结构复杂，构思奇巧，风格诡异。在鼎的细部装饰上，花纹细密精致。更有特点的是它遍布全身的浮雕、镂雕等精巧的雕饰，堪称工艺精湛。优美的造型、精湛的工艺、浪漫的题材，这些都显示了古代楚人丰富浪漫的想象力和鲜活的创造力。

在王子午的墓葬中出土的七件青铜器鼎，每件鼎内都放置有牛的肢骨，还放有捞取牛肉、牛骨的铜匕。那么，为什么鼎又会被赋予王权、尊贵之意呢？传说夏禹曾收九牧之金铸九鼎于荆山之下，以象征九州。自从有了禹铸九鼎的传说，鼎就从一般的炊器而发展为传国重器。后来成为最重要的礼器，即作为祭祀时向祖先神灵献享的容器，因此人们把铜鼎等礼器又称为“宗庙重器”。但鼎更重要的作用是体现贵族的权力、身份和地位。七个大小不一的王子午鼎是属于列鼎。关于“列鼎制度”，周代的礼制规定：天子用九鼎，诸侯用七鼎，大夫用五鼎，士用三鼎或一鼎。以鼎的数量来体现王权贵族的地位和高低，不能随意改变，否则就是僭越，有犯上作乱之嫌。礼器既然代表死者生前或死后的政治或社会地位，那么，七个随葬的王子午鼎，可见墓主人的尊贵地位。

昔日楚国的历史已经随风而去，但从这件鼎上，我们仍可以看到楚国贵族的赫赫威势与钟鸣鼎食的生活，它不但让我们欣赏到楚国工匠们高超的雕塑技巧和巧夺天工的青铜铸造工艺，鼎内的铭文还让我们更深入地了解了那段历史，昭示着那个时代的辉煌。

034 冠绝天下的铸剑术

越王勾践剑

年　代：春秋，公元前 770—前 476 年
尺　寸：长 55.7 厘米，宽 4.6 厘米
材　质：青铜
出土地：1965 年湖北省江陵县江陵楚墓望山一号墓出土
收藏地：湖北省博物馆

【引言】越王勾践剑有着独特的铸造工艺，剑面光滑明亮，剑体毫无锈蚀，并且非常锋利。其艺术设计理念也体现了中国春秋时期青铜技艺的顶峰，在其剑身表面独特的黑色菱形花纹图案，光洁如玉，晶光熠熠，令观者产生非凡的艺术美感。越王勾践剑实用与艺术完美结合，充分体现出了古代中国人民的智慧和创造力。

楚国墓中越王剑

湖北省荆州市荆州区境内纪南城，是春秋战国时期楚国都城的郢都旧址，这里至今仍保留着较为完整的楚国土筑城垣，规模相当庞大，而且其地下文化遗存也很丰富。在纪南城的四周存在着大量的楚墓群。中华人民共和国成立以来，为了配合当地的水利和基础设施建设，湖北省的考古工作者对这里曾进行过多次发掘清理。20世纪60年代之前，在纪南城西的八岭山、城北的纪山、城东的雨台山尚保留着大量有封土堆的大型墓葬。

1965年秋季，当时的荆州专区漳河水库渠道工程动工，施工范围涉及纪山西麓和八岭山东麓一带，而这一带分布着有封土堆的大中型墓葬20多座和无封

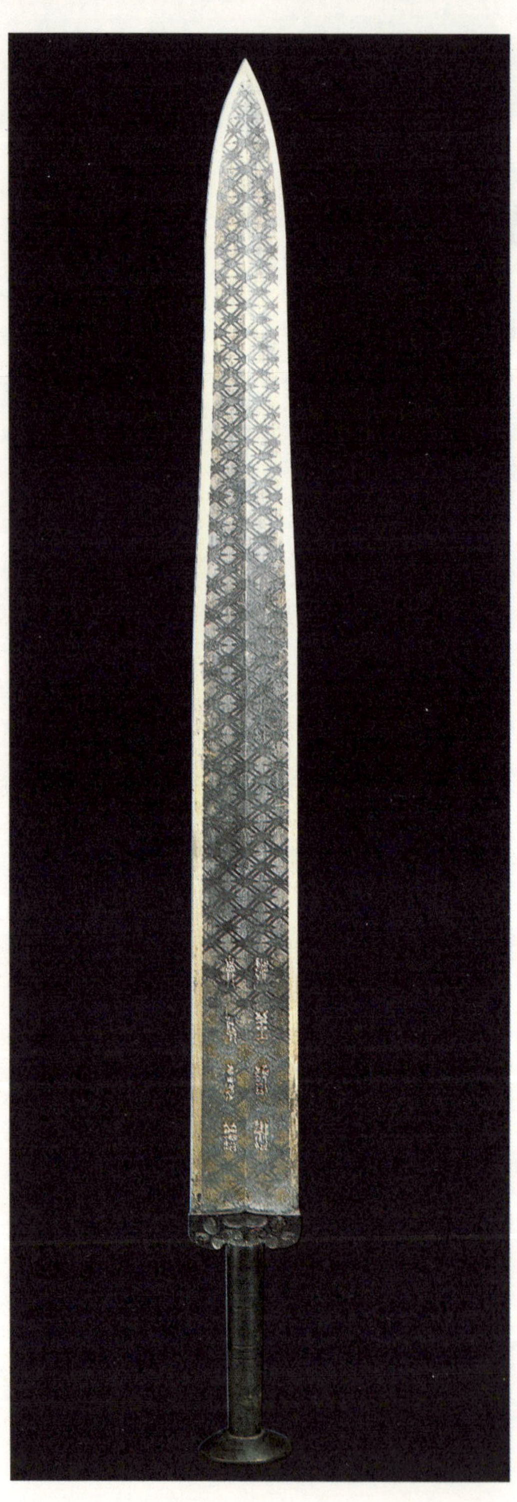

土堆的小型墓葬30多座。为了配合工程的顺利进行，考古工作者除清理了部分小型墓葬外，重点对编号为望山一号、望山二号和沙塚一号的三座大型墓葬进行了清理发掘。

这三座墓葬位于现在荆州区川店镇望山村，距离纪南城约7千米，距离荆州城区约18千米，处于八岭山东北约5千米的一片较为平坦的岗地上。清理工作从1965年10月中旬开始，到1966年1月中旬完成，历时三个月。三座大墓出土文物约700件，种类繁多，其中以望山一号墓出土文物为最多，达400多件。其中有青铜器160余件、陶器60余件和竹木漆器100多件。在出土的青铜器中就包括大名鼎鼎的越王勾践剑。

此剑出土时置于墓主人骨架的左侧，下面压着一把铜削。出土时，剑身插在素漆木剑鞘中。剑首向外翻卷作圆箍形，内铸11道极细小的同心圆圈，距离仅为0.2毫米，和现代的机床技术相比也毫不逊色。剑格正面用蓝色玻璃、背面用绿松石镶嵌出美丽的花纹，剑身饰菱形暗纹，近格处有“越王鸠浅（勾践）自乍（作）用剑”八个错金鸟篆体铭文，笔画圆润，字迹清晰，阴阳可辨，宽度只有0.3～0.4毫米，可见刻字水平的卓越。剑的制作工艺十分精细，正像《中国兵器史稿》中所说：“冶铸淬炼之精，合金技术之巧，外镀之精良，剑上天然花纹之铸造，均为艺术上之超越成就。”此剑埋于地下2300多年，出土时寒光闪闪，仍完好如新，锋光夺目，刃薄锋利，世人无不为之叹服。

越王勾践剑经复旦大学静电加速实验室等单位检测，该剑的主要成分为铜、锡、铅、铁、硫、砷诸元素，但各部位元素的含量不同。剑脊含铜量较多，韧性好，不易折断；刃部含锡高，硬度大，非常锋利；脊部与刃部成分不同，是采用了复合金属工艺的结果，即先浇铸含铜量高的剑脊，再浇铸含锡量高的剑刃，这是因为剑脊的熔点高，可以承受第二次浇铸的高温而不致熔化。这种复合金属工艺，能使剑既坚韧又锋利。

越王剑何以流落楚国

为什么越王勾践的宝剑会在楚国故地出现？这个问题从宝剑一出土就困扰着考古工作者。

越王勾践剑出土之后，首先在考古发掘工地上就引起了轰动。剑身上的八字铭文为吴越地区流行的鸟篆文，颇为难认。当时经过著名历史学家方壮猷和工地上的考古工作者一起分析研究，首先对其中的六个字的释读达成一致，即“越王XX自作用剑”，而另外两字虽然可以推断为是越王的名字，但不能十分确认。方壮猷先生初步解释为“邵滑”二字，并推断其为越王无疆之子，进而推论此墓为越王墓。然而这一观点并未得到大家的一致认可。这一问题不解决，解读宝剑本身和墓葬就无法继续进行。因此，考古工作者就对铭文进行了临摹、拓片和拍照，准备做进一步研究。1965年12月底至1966年元月上旬，方先生先后将相关资料和自己的观点写信寄给了郭沫若、夏鼐、唐兰、陈梦家、于省吾、容庚、商承祚、徐中舒等十余位国内著名的历史学家、考古学家和古文字学家，以征求意见。其中最具代表性的是古文字学家、北京故宫博物院研究员唐兰先生的意见，他在复信中指出，剑铭中的二字为“鸠浅”，即“勾践”，此剑为越王勾践剑。并且认为望山一号墓为楚墓，不是越王墓，而此剑很有可能是楚国灭越之后所得的越国宝物。而著名的古文字学家陈梦家也在复信中明确指出此剑是越王勾践剑，并且认为望山一号墓很可能是楚王墓或者楚国贵族之墓。郭沫若先生也认同此剑为越王勾践剑这一观点。至此之后，此剑的命名便没有任何疑义了。

但是为什么唐兰和陈梦家认为此墓不是越王墓而是一座楚墓呢？这是因为该墓出土的竹简已经证明墓主人是楚国贵族，其身份大致相当于楚国的下大夫，墓葬的年代应为楚威王至楚怀王时期。既然这是一座战国楚墓，为什么春秋末年的越王剑会出现在这里？这是考古学家争讼最多的问题。著名考古学家陈振裕曾对该问题做过深入细致的研究。当时主要的观点是，认为作为越王勾践的随身宝

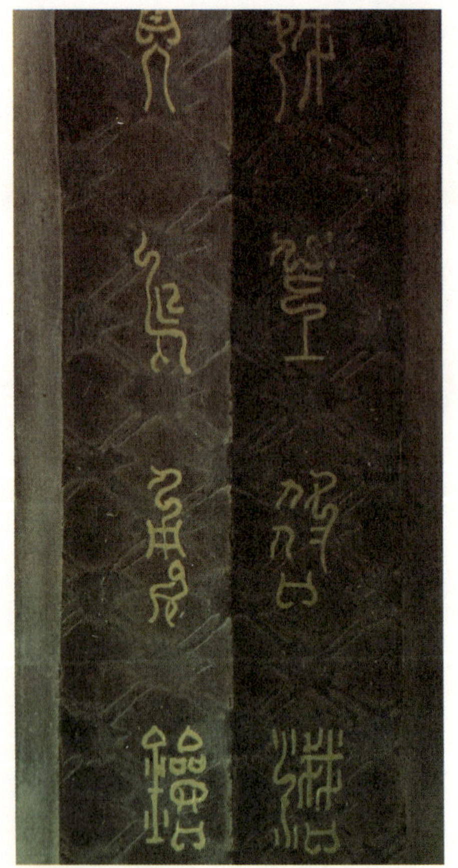

越王勾践剑铭文

剑，此剑是越国灭亡之后楚国得到的战利品，而此剑则是楚王赏赐给灭越功臣邵滑的宝物，后来邵滑将此剑殉葬。陈振裕认为，墓主并非邵滑，他从职位、经历、年龄、墓葬规模、随葬器物、墓葬年代以及名字的通假诸多方面进行了详细分析，确定墓主人是楚国贵族[illegible]固，与邵滑无关，因此排除了作为战利品的可能。陈振裕认为在春秋时期，青铜剑不仅是重要武器，也是上层人物身份的象征，并以吴季札赠剑为例，说明在当时宝剑是可以作为礼品进行馈赠的。

从相关典籍的记载看，楚国和越国之间的关系，在楚威王之前还是很密切的，而后才逐渐疏远并相互攻伐，以致楚国灭了越国。望山一号墓的年代应该是楚威王时期至楚怀王前期，这一时期楚越两国的关系并不紧张。况且，楚惠王的母亲，据史料记载是越王勾践的女儿，这就很有可能是当年越王勾践将女儿嫁到楚国时，这把宝剑是作为嫁妆一起来到楚国的。而根据考古发掘的材料证明，墓主人是楚悼王的后代，作为王室宗亲，墓主对于当时的楚王来说，很有可能是比较受重用的，因此才会将这把名贵的宝剑赠给墓主人，并以之殉葬。这虽然是一家之言，却也为越王勾践剑流落楚国提供了一个证明。实情究竟如何，还有待考古工作者提供更多的材料。

举世闻名的吴越铸剑技术

按照《越绝书》的记载，越王勾践对宝剑特别钟爱，当时在他的手里有鱼肠、巨阙、湛卢、胜邪、纯钧等五把宝剑。按照书中记载，这五把宝剑都是著名铸剑师欧冶子锻造的神兵利器。书中形容纯钧剑时写道："扬其华，捽如芙蓉始出。观其釽，烂如列星之行；观其光，浑浑如水之溢于塘；观其断，岩岩如琐石；观其才，焕焕如冰释。"可见越国宝剑之精美。至于目前我们看到的这把剑是否属于其中的一把，目前很难判断。但是，春秋时期吴越的铸剑技术绝对是首屈一指的，涌现出了干将、欧冶子、风胡子等在史籍中留下赫赫威名的铸剑大师，越王勾践剑很有可能就是出自大师之手。

根据史料记载和考古发掘可以得知，在春秋末年的时候，中国的青铜器铸造已经掌握了将器身和附件分别铸造后再用合金焊接的技术，在冶炼过程中已经采用了皮囊鼓风加温的新技术，而青铜剑的铸造方法在《考工记》一书中也有详细记载。即便如此，这些资料并不足以解释越王勾践剑的铸造工艺和防锈技术。越王勾践剑材质虽是青铜，但其合金成分却很复杂。根据科学实验的结果证实，此剑的主要成分有铜、锡、铅、铁和硫等，其中剑脊的含铜量高，保证了剑具有很好的韧性，不易折断；而两刃的含锡量高，保证了此剑的锋利度。这种合理的合金成分，充分反映了越王勾践剑的铸剑技术之高超。

越王勾践剑不止有独特的铸造工艺，其艺术设计理念也代表了中国春秋时期青铜技艺的顶峰。在其剑身表面独特的黑色菱形花纹图案，光洁如玉，晶光熠熠，令观者产生非凡的艺术美感。这种效果也是由独特的铸造工艺形成的，根据研究模拟测试显示，这种工艺应该是先用高锡粉末在金属表面涂上一层涂层，再在该涂层上雕刻花纹图案，之后进行特殊的加热处理，使得氧化层掉落，才构成了双色相间的菱形图案。在数千年的时间磨蚀下，因宝剑独特的埋藏环境，黄白相间的图案演化为黑白相间的图案，越王勾践剑给现代人带来的观感，就是因此而来。

没有高超技术作为基础，当时的铸剑师有再高的艺术造诣也无法将其呈现在剑的造型上，越王勾践剑其精美绝伦的艺术造型有力地证明了春秋时期顶级的铸剑师和铸剑技术明显在吴越两国。

035 中国音乐史上的璀璨华章

曾侯乙编钟

年　代：战国，公元前 476—前 221 年
尺　寸：曾侯乙编钟包括钮钟 19 件，甬钟 45 件，外加楚王赠送的一件镈钟，共 65 件。最大的一件通高 153.4 厘米，重 203.6 千克；最小的一件通高 20.4 厘米，重 2.4 千克。钟架长 748 厘米，高 265 厘米。整套编钟总重达 2500 多千克
材　质：青铜
出土地：1978 年湖北省随州市西郊擂鼓墩曾侯乙墓出土
收藏地：湖北省博物馆

【引言】曾侯乙编钟自出土以来，有关专家学者们一直对这件令人啧啧称奇的稀世珍宝保持着高度的研究热情，对其进行了各方面的研究，现代音乐家们也以此创作出了许多优秀的作品。它不仅是中国古代音乐殿堂中的稀世珍宝，更是世界文化宝库中的一颗璀璨明珠。

战国时期的地下音乐宝库

1978年发掘的曾侯乙墓位于湖北随州城郊的擂鼓墩。曾国是楚国的附庸小国。春秋之时，它还存在于当时的各种史册之中。但到战国时期，就淹没在历史长河之中了。曾国虽然是一个历史上“失踪”了的小国，但墓中随葬的灿烂夺目的众多乐器构成了一座巨大的地下音乐厅，其宏大的规模令人惊叹不已，这是一次轰动世界的音乐考古重大发现。

曾侯乙墓共出土7000多件文物。在青铜器时代，青铜是最重要的财富。该墓出土文物以青铜器最为丰富，精美的青铜器比比皆是。这座墓使用青铜总量

可能达到10吨以上。此外还有金器9件，总重7.29斤。这些都是过去考古发掘中没有见到过的。然而，墓葬中最有学术价值的乃是出土的124件乐器，这是中国古代音乐史方面的重大发现。

曾侯乙墓的随葬乐器集中在大墓的中室和东室（墓主人的棺在东室），仿佛是正殿和寝宫的排场。中室几乎成了演奏厅，全套钟、磬架安排了三面，占据了突出的位置，恰如典籍所载“诸侯轩悬”的规格。在这些出土乐器中，最引人注目的就是曾侯乙编钟。

这套编钟是由65件青铜编钟组成的庞大乐器，其音域跨五个半八度，十二个半音齐备。曾侯乙编钟是目前所出土的保存最完好、铸造最精美的一套编钟，它高超的铸造技术和良好的音乐性能，改写了世界音乐史，被中外专家、学者称之为“稀世珍宝”。

震惊中外的音乐奇迹

编钟是中国古代大型打击乐器，兴起于西周，盛于春秋战国直至秦汉。中国是制造和使用乐钟最早的国家。它用青铜铸成，由大小不同的扁圆钟按照音调高低的次序排列起来，悬挂在一个巨大的钟架上，用丁字形的木槌和长形的棒分别敲打青铜钟，能发出不同的乐音，因为每个钟的音调不同，按照音谱敲打，可以演奏出美妙的乐曲。

曾侯乙编钟数量巨大，完整无缺。以大小和音高为序编成8组，悬挂在3层钟架上。最上层3组19件为钮钟，形体较小，有方形钮。中下两层5组共45件为甬钟，有长柄，钟体遍饰浮雕式蟠虺纹，细密精致。整套编钟外加楚惠王送的一枚镈钟，共65枚。钟上均有篆体铭文，绝大多数为错金文字，共2800余字，除“曾侯乙乍（作）持”外，都是关于音乐方面的，可以分为标音铭文与乐律铭文两大类。乐律铭文中记乐律名称53个，其中有35个是过去所不知道的。将标音铭文与实际测音对照证明，编钟音律准确，每个钟都能敲出两个乐音，

曾侯乙编钟下层二组 8 号甬钟

整套编钟的音阶结构与现今国际通用的C大调七声音阶同一音列，总音域包括五个八度，中心音域十二个半音齐备，可以旋宫转调。

在鼓中部和左面标出不同音高如宫、羽等22个名称，另一面铸有律名、调式和高音名称以及曾国与楚、周、齐、晋的律名和音阶名称的对应关系，反映了当时各诸侯国之间在文化艺术领域里相互交流的情况，是研究先秦音乐史的珍贵资料。另有一件镈钟，位于下层甬钟中间，形体硕大，钮呈双龙蛇形，龙体卷曲，回首后顾，蛇位于龙首之上，盘绕相对，动势跃然浮现。器表亦作蟠虺装饰，枚扁平。镈钟上有铭文，记述此镈钟乃楚惠王赠送的殉葬品。

钟架近旁有6个“T”字形髹漆彩绘木槌和两根彩绘髹漆长木棒。钟架横梁上髹漆，并有彩绘花纹和刻纹，横梁两端有浮雕及透雕龙纹或花瓣形纹饰的青铜套。中下层横梁各有3个佩剑铜人分别用头、手顶托，并通过横梁的方孔以子母榫牢固衔接，中部还各有一铜柱承托横梁以加固。全套钟架由245个构件组成，可以拆卸，设计精巧，历经2000多年，出土时仍矗立如故。

曾侯乙墓编钟音色优美，音域很宽，变化音比较完备，至今仍能演奏各种曲调，说明当时的铸造工艺已能满足音响设计的要求。它的出土，使世界考古学界为之震惊，因为在2000多年前就有如此精美的乐器、如此恢宏的乐队，在世界文化史上是极为罕见的。曾侯乙墓编钟的铸成，表明中国青铜铸造工艺的巨大成就，更表明了中国古代音律科学的发达程度，它是中国古代人民高度智慧的结晶，也是中国作为“文明古国”辉煌历史的见证。

036 中国最早的建筑平面规划图

错金银铜版兆域图

国家宝藏

年　代：战国，公元前 476—前 221 年

尺　寸：长 94 厘米，宽 48 厘米

材　质：青铜

出土地：1977 年河北省平山县三汲乡的南七汲村中山王墓出土

收藏地：河北博物院

【引言】考古专家都难以辨认的古文字，极少历史资料流传后世的神秘国度，错金银铜版兆域图有着怎样的秘密？同时期的地图全都灰飞烟灭，同样藏于地下两千多年的错金银铜版兆域图为何得以幸免？

中山王墓的发现与挖掘

1974年的冬天，在河北省平山县的上三汲公社，社员们正在田间忙碌，他们在平整农田。因为需要的沙土比较多，他们就不停地到旁边的沙丘上去运土。就在铲土、运土的时候，有农民不经意间一看，发现了好多较为整齐、片状较大的瓦片。考古人员得知这个消息后，第一时间赶到了上三汲公社。在清理大土丘的时候，他们惊奇地发现：土丘里埋了很多瓦片，这些瓦片质量优良，体积比较大。根据考古人员的经验，这些瓦片一般被用来建筑宫殿。后来经过检测，这些瓦片属于战国时期。

就在考古人员为之惊叹的时候，这次挖掘工作的负责人陈应祺发现了一些有帮助的信息。在询问当地的村民以后，陈应祺得到了一块刻石，上面刻的是中国古代的文字。奇怪的是，身为考古工作者的陈应祺并不认识石头上的古文字。他马上意识到这些文字很重要。于是，他赶快把文字拓片邮递给了著名的历史学家和古文字学家李学勤先生，让他帮忙辨认释读。一个多星期以后，李学勤先生给陈应祺回信说为了释读更为准确，需要陈应祺回答三个问题：一是在发掘地附近有没有高大的土丘，二是附近有没有山和树林，三是山和树林附近有没有河流和小溪等。除了没有树林，其他问题的回答陈应祺都是肯定的。据此，李学勤先生正式回信，释读出了石头上十几个字，大概意思是这样的：原来负责监察、管理捕鱼的公乘得在这里看守陵墓，他原先的部下曼要把这件事情告诉后辈。这些文字有力地证明三汲乡附近有一个战国时期的王族陵墓。

考古人员猜测这个陵墓可能属于神秘的中山国。中山国是战国时期一个面积并不大的国家，但实力雄厚，只是微微落后于“战国七雄”，位列战国十二强之一。说它神秘，是因为它不但没有给后人留下多少历史资料，反而留下许多未解之谜。发掘过程中，考古人员发现了几座墓，为了便于区分，他们给陵墓做了编号。其中，规模最大的被称为一号墓。

在发掘一号墓时，考古人员在外面发现了盗洞，二号墓里的场景更让考古人员心碎。一号墓经历了两次被盗，盗墓贼偷了一号墓的陪葬品不说，还纵火烧墓室。然而就是这个被盗墓贼洗劫又焚烧过的一号墓里居然出土了几千件文物。

错金银铜版兆域图就在一号墓中被发掘。1977年秋，中山王墓的发掘进入了最后阶段，意外地发现了错金银铜版兆域图。

错金银铜版兆域图内容

错金银铜版兆域图的正面是中山王陵区的建设规划图，规划图上的指示方向和我们现在的地图方向是相反的，上面是南方，下面是北方。这个规划图是用金、银的薄片和银线嵌入铜版，做出规划建筑轮廓。而且从它的出土来看，中山国当时的生产水平非常厉害，冶金技术很高，在技术和经济实力都足够的情况下，才能在铜版上制作如此细致的地图。它的出现表现了中山国高超的冶金技术和精美的制作工艺。

从图上可以看出，中山王陵区的规划是：中间是中山王的享堂，两旁各分布着王后堂、哀后堂和夫人堂。然而从中山王的周围墓葬看，只在东边有一个墓，是哀后墓，而其他三个规划墓并没有被找到。这可能意味着错金银铜版兆域图上规划的墓葬最后没能成功建好，它只是一幅墓葬建筑的规划地图。错金银铜版兆域图的价值在于，图上有明确的数字和文字说明，有明确的比例——五百分之一，是目前世界上发现的最早的有比例铜版建筑规划图，对于研究战国时期的比例关系有重要意义，也为研究中国古代陵园建筑和平面建筑提供了珍贵而准确的资料。

错金银铜版兆域图的绘制

方位是地图必备的一个内容，错金银铜版兆域图虽然没有明确说明每一面的方向，但是可以根据地图的内容，确定错金银铜版兆域图是有一定方位的，而且也很容易找出来。从新石器时期开始，我们居住地方的大门开口都是朝南的，所以，根据图上“门”的开口方向可以推断出：错金银铜版兆域图的上方当指的是南方，所以下方指北，左面是东，右面是西。而长沙马王堆汉墓出土的同为春秋战国时期的《驻军图》上，关于方位其明确标记出：上面是南方，左面是东方。错金银铜版兆域图的出土，给我们提供了解战国时期地图指向的证据。

错金银铜版兆域图上一共标注了38处数字，用了两种不同的单位，其中用“尺”作为单位的注记有24处，用“步”作为单位的有14处。这是已经发现的最早的使用数字作为单位标记的地图。从铜版上我们测量出来的长度和实际的长度相比，得出错金银铜版兆域图采用的比例是五百分之一。而且依据数字标记的长度和后来的实际长度的比较，发现错金银铜版兆域图比例尺有一些误差。我们只能猜测可能是在铜版制作的过程中产生了误差，但也可能受到当时的技术所限，导致量测精度不准确。

虽然战国时期有很多关于地图的记载，但是一直还没有找到一件实物来证明，如今这件错金银铜版兆域图是唯一一个完整出土的战国时期绘制的地图，它是在马王堆汉墓出土的帛片地图后的另一重大发现。而且因为马王堆汉墓出土的地图是绘制在丝织品上的，不易保存，现在我们只能看到它的复原图，但是错金银铜版兆域图是雕刻在铜版上的，不易损坏，这也是现在我们还能看到它的原因。

037 青铜器上的史诗画卷

国家宝藏

宴乐渔猎攻战纹青铜壶

年　代：战国，公元前 476—前 221 年

尺寸：高 31.6 厘米，口径 10.9 厘米，腹颈 21.5 厘米

材质：青铜

出土地：不详

收藏地：北京故宫博物院

【引言】当我们在故宫博物院参观时，那一件件布满饕餮纹或者夔龙纹的青铜器足以令人感慨。而一件来自战国时期的青铜壶则更突出，器身上绘满了人物，俨然一幅战国时期的“连环画”，向我们讲述来自两千多年前的故事。

盗抢国宝案

1945年，抗日战争胜利后，中国在重庆成立了清理战时文物损失委员会，简称“清损会”，专门对战争时期损失的文物进行追查索偿。1945年9月，刚从燕京大学研究院毕业不久的王世襄，在马衡和梁思成两位副主任的引荐下进入了“清损会”，并担任平津区助理代表。进入“清损会”不久，王世襄得知在日本侵华战争期间，有许多青铜器、瓷器、古代名画被日本人和德国人或强取豪夺，或廉价收买。于是他开始走访京城大大小小的古玩商，了解战时古董的下落。打听后他得知，沦陷时期出土于河南等地的重要青铜器，几乎都被一个叫杨宁史的德国人买走了。

当王世襄刚到天津想要调查时，杨宁史却向当时北平警察局报案说自己在天津仓库的一批青铜器被人抢走了。而刚刚找到杨宁史存放这批青铜器的秘密仓库的王世襄，被警方作为怀疑对象抓了起来。王世襄向警方说明了自己的身份之后，被放了出来，他立刻回到北京到杨宁史经营的禅臣洋行了解情况，他在洋行发现了一份英文的文物目录，宴乐渔猎攻战纹青铜壶就在其中。

宴乐渔猎攻战纹青铜壶图案拓片

王世襄返回天津，找到杨宁史，杨宁史却称这批文物被国民党九十四军化装成盗匪抢走了。王世襄直奔九十四军的所在地，要求见军长牟廷芳，一个副官接待了他，要他回去等消息。几天之后，没有得到任何消息的王世襄焦急万分，他辗转联系到了当时国民政府行政院院长宋子文，宋子文听说后亲自前往天津处理此事，但是也没有在九十四军的驻地找到这批文物。

王世襄向牟廷芳说明了事情的经过，牟廷芳称完全没有这么一回事。随后九十四军对杨宁史在天津和北平的仓库展开了大搜查，最后在一艘商船上找到了这批青铜器。原来，这一切都是杨宁史为了侵吞不法收购来的文物而编造出来的谎言。

正是王世襄的坚持，保护了包括宴乐渔猎攻战纹青铜壶在内的一批珍贵古代青铜器，使它们不至于流失海外，从此得以存放在博物馆中供世人观看。

青铜器上的战国生活画卷

宴乐渔猎攻战纹青铜壶侈口，斜肩，鼓腹，矮圈足，肩上有二兽首衔环耳。花纹从口至圈足分段分区布置。以双铺首环耳为中心，前后中线为界，分为两部分，形成完全对称的相同画面。自口下至圈足，被五条斜角云纹带划分为四区：

壶颈部为第一区，上下两层，左右分为两组，主要表现采桑、射礼活动。采桑组树上下共有采桑和运桑者五人，妇女在桑树上采摘桑叶，可能表现的是后妃所行的蚕桑之礼。画中男子束装佩剑，似在选取弓材。习射组四人在一建筑物下依次较射，前设侯，侯为箭靶。《小广雅·释器》："射有张布谓之侯，侯中者谓之鹄……"这里描绘的应是古时举行射礼的场景。

第二区位于壶的上腹部，分为两组画面。左面一组为宴享乐舞的场面，七人在亭榭上敬酒如仪，榭栏下有二圆鼎，二奴仆正从事炊事操作。下面是乐舞部分，簨簴上悬有钟磬，旁立建鼓和丁宁，图中三人敲钟，一人击磬，一人持二桴（鼓槌）敲打鼓和丁宁，尚有一人持号角状的吹奏乐器在演奏，表现了载歌载舞的热闹场面。右面一组为射猎的场景，鸟兽鱼鳖或飞、或立、或游，四人仰身用缯缴弋射，一人立于船上亦持弓作射状。

第三区为水陆攻战的场面，位于壶的下腹部，界面宽，图中人物也最多。一组为陆上攻守城之战，横线上方与竖线左方为守城者，右下方沿云梯上行者为攻城者，短兵相接，战斗之激烈，已达到白热化程度。另一组为二战船水战，二船上各立有旌旗和羽旗，阵线分明，右船尾部一人正击鼓助战，即所谓鼓噪而进。船上人多使用适于水战的长兵器，二船头上的人正在进行白刃战，船下有鱼鳖游动，表示船行于水中，双方都有蛙人潜入水中活动。画中的战斗情景虽受画面的限制，仅能具体而微，然而刻画生动，战士们手持武器，头裹巾帻，射者支左居右，张弓搭矢；持戈者前握后运，双足稳立；架梯者高擎双手，大步跑进；仰攻者持弓戈矛盾，登梯勇上；荡桨者前屈后翘，倾身摇荡；潜泳者扬臂蹬足，奋力游动。作者以极其丰富的想象力，准确地抓住每一人瞬间的具有特征的动作，构成了一幅惊心动魄的战争场面。第四区采用了垂叶纹装饰，给人以敦厚而稳重的感觉。

这件宴乐渔猎攻战纹青铜壶，整个纹饰中人物近百个，却没有一个重复的姿势，造型极其优美，比例合理准确，构图严谨。画面中，人物、动物、植物及其他器物有机结合，浑然一体，疏密得当，使得整个画面气氛热烈、生动活泼，再现了当时的社会生活面貌。其价值是，首先，这件青铜壶是中国较早记载生产、生活、战争、建筑、音乐、礼仪的综合图案，是战国时期社会情况的综合体现。其次，此壶通过对采桑、射猎、乐舞、战争的刻画，为后人研究战国时期的生活提供了形象依据，尤其是水陆攻战图所反映的战争场景，为研究战国军事提供了完整的形象资料。再次，从艺术角度来说，此壶图案采用连环画式的手法，开创了秦汉时期画像砖、画像石艺术的先河。总之，此壶不仅可以说是中国古代青铜器中具有代表性的礼器，更是中国工艺美术史上不可多得的艺术珍品。

战国的军队是这样调动的

杜虎符

年　代：战国，公元前 476—前 221 年
尺　寸：长 9.5 厘米，高 4.4 厘米，厚 0.7 厘米
材　质：青铜
出土地：1975 年陕西省西安市南郊北沈家桥出土
收藏地：陕西历史博物馆

【引言】今天我们打开词典查找“符合”一词，得到的解释是：“（数量、形状、情节等）相合。”这是一个动词。而在两千多年前的秦朝，“符”“合”是两个词，“符合”一词的来源就与调动军队的虎符有着密不可分的关系。

“将军令”

两千多年前，信陵君为得到兵符去救赵国，不惜铤而走险。秦军已经包围了赵国都城，唇亡齿寒，赵国灭国，魏国也将危在旦夕。而魏王因为害怕秦国报复，已经数次拒绝了增援赵国的请求。信陵君的艰难在于他要不要想办法盗走虎符，增援赵国。最终他还是这么做了，兵符即合，万军齐发。赵国因此得救，魏国也有了暂时的安全。虎符成为扭转国家生死存亡的拐点。

现存于世的虎符只有三个。阳陵虎符、新郪虎符以及现藏于陕西省历史博物馆的杜虎符。1975年冬，西安郊区山门口公社北沈家桥，农民杨东锋在平整土地时，捡了一块绿锈斑驳的铜制品，当时他本想把虎符当废铜卖掉，但因分量太轻，卖不了多少钱而作罢。他觉得挺稀奇，就放到家里给孩子当玩具。然而，几年之后，这个物件上的绿锈磨落，露出了闪闪发光的金字。杨东锋意识到这可能是件文物，他揣着这件器物辗转找到了陕西省博物馆，碰巧遇到了考古专家戴应新。一番审视后，戴应新初步断定眼前的器物是一枚十分罕见的战国虎符。杨东锋因献宝有功获得了一张陕西省博物馆发给的表扬信，得到了7元人民币的奖金。

合符以行军令

“符”是中国古代常用的一种信物，一般分为两半，两半相合，就能作为办理某类事务定约和践约的凭证。杜虎符为左半符，虎作行走状，昂首，尾巴卷

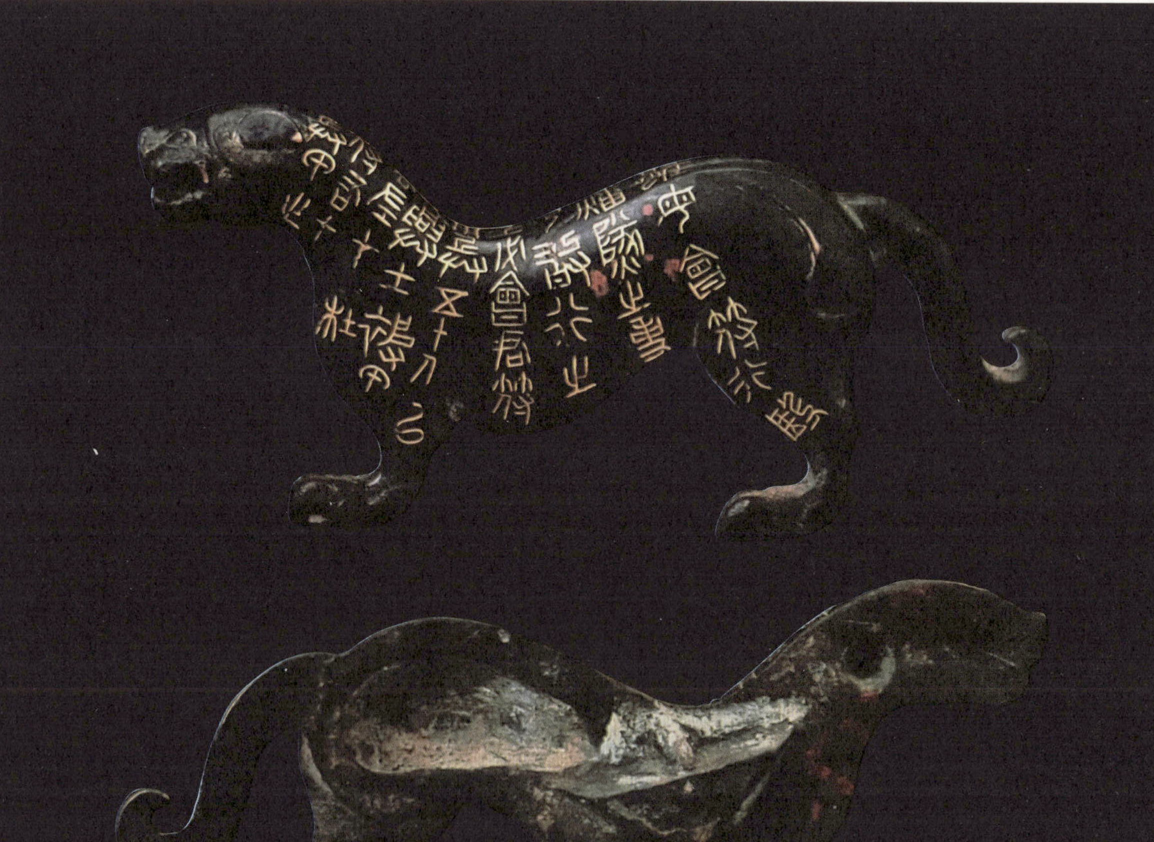

曲。背面有槽，颈上有一小孔。虎符上有错金铭文9行共40字，字体为小篆：

兵甲之符。右才（在）君，左在杜。凡兴士被甲，用兵五十人以上，必会君符，乃敢行之。燔燧之事，虽毋（毋）会符，行殹（也）。

内容大意是：右半符掌握在国君手中，左半符在杜地军事长官手中，凡要调动50人以上的带甲兵士，杜地的左符就要与君王的右符相合，才能行动。但遇上烽火报警的紧急情况，不必会君王的右符。铭文反映出秦以“右”为尊，秦国的军权高度集中，凡征调50人以上的兵士必须经国君认可。战国时代战火频繁，军情紧急，稍有闪失就可能丢城失地。山高水远，没有现代通信手段，君主就是靠虎符传达军令，为了保密，虎符通常设计成小巧隐匿的造型，实现“账户”和“密码”的有效对接。

与阳陵虎伏、新郪虎符相比较，杜虎符在文字上的差异还是很明显的，其中的一处差异恰是判断杜虎符年代的关键。其中铭文有“右在君”的文字，最初学者的解释是认为“君”指的是秦始皇的弟弟长安君，因而断定此虎符是秦始皇八年以前的东西。而结合其他两件虎符铭文“右在王”“右在皇帝”的记载，可知“王”和“皇帝”皆为秦国国君的时代，则“君”必然是秦的国君而非长安君。检索史籍，可知秦国称君的只有秦惠文王，在继位后的前十三年恰好称惠文君，依此可断定虎符是秦惠文王十三年前文物。

春秋战国时期，君权和军权更加集中。军事将领都必须由国君任命，将领只有带兵权，没有调动军队的权力。想要调动军队，就必须有国君的虎符。兵符虽然不大，但它是君权至高无上的产物，具有不可替代的地位。虎符是君主与将领建立有效联系的重要工具，保障了君王对军队的控制权，军队的稳定才能带来政权的稳定，军权的收归，加强了君权的控制，从而达到维护统治的目的。

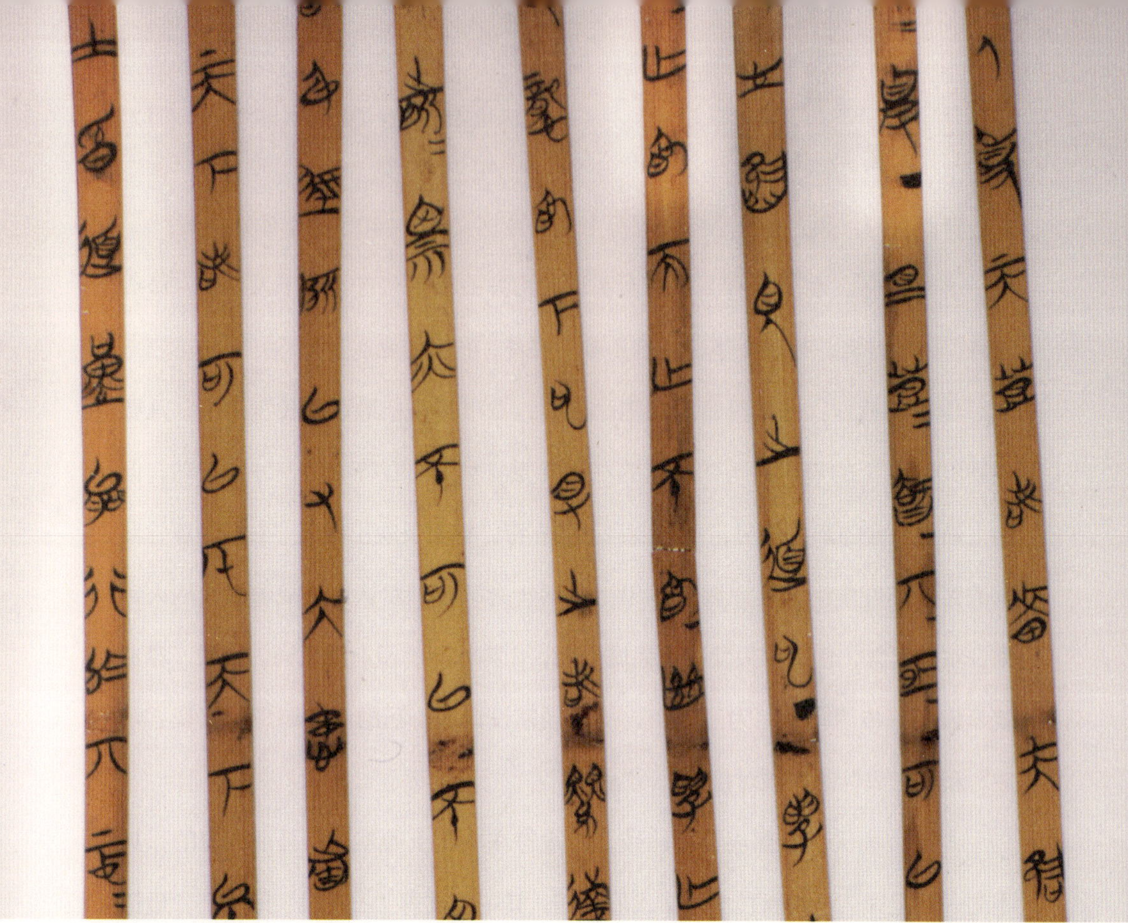

039 老子和他的精神世界

国家宝藏 郭店竹简《老子》

年　代：战国，公元前 476—前 221 年

尺　寸：分作三类：一类长度在 32.5 厘米左右；另一类长 26.5 至 30.6 厘米；第三类长 15 至 17.5 厘米

材　质：竹

出土地：1993 年湖北省荆门市郭店村郭店一号墓出土

收藏地：湖北省博物馆

【引言】根据联合国教科文组织的统计，《老子》是被传播得最广的世界名著之一。这部流传千年的道家经典，由后代学者不断地整理编纂形成了今日

我们看到的传世本《老子》。道家的学说深奥难懂，每个人都有自己不同的理解。而两千多年前的老子真正的想法到底是怎样的，郭店竹简《老子》让读者更加接近历史的真相。

惊现《老子》“母本”

1994年，湖北省荆门市郭店村的两座墓葬被盗，这一情况被报告到警方，随后文物部门对两座墓葬进行了抢救性发掘。经发掘，专家发现这是两座下葬于战国中期偏晚、公元前4世纪中期至3世纪初的楚国墓葬。墓葬形制不大，在其中一座墓葬头厢北侧发现了大量竹简，虽然经历了两千多年的侵蚀，竹简依旧坚韧挺拔、字迹清晰。这些竹简大部分保存完好，只有少量残损。经过清理后得知，竹简共804枚，其中有字竹简730枚，共记录有13000多个楚国文字。竹简上记载的全部都是儒、道典籍，共16篇先秦时期的哲学思想著作。

郭店出土了竹简《老子》和《太一生水》两部道家著作。郭店竹简《老子》共两千余字，有甲、乙、丙三篇，而传世本《老子》有五千余字，八十一章。郭店竹简是目前关于《老子》的最早的实物资料，它将《老子》的版本推到了先秦时期。在《老子》一书成书后的流传过程中，由于流传途径和传授人员的差异，不同版本的《老子》在内容上差异还是很大的。我们现在所说的“五千言”本《老子》，就是众家精心校订的版本。有学者认为，郭店竹简《老子》可以认为是传世本《老子》的母本。

被颠覆的《老子》学说

郭店竹简《老子》与传世本《老子》在内容上有诸多差异，甚至颠覆了传世本《老子》的部分观点。其中最重要的是，传世本《老子》在第十九章写到“绝仁弃义，民复孝慈”这直接否定了以“仁”“义”为主要观点的儒家学说，作为儒道两家思想对立的有力证据。而在郭店出土的《老子》澄清了这个问题，其中关于这部分的记载为“绝伪弃虑，民复孝慈”。可见，道家在最初阶段排斥的绝不是“仁义”。这向我们展示了早期儒道两家和谐共存的关系。

另一个差异较大的观点是关于万物的本源。中国古代的哲学著作中认为“气”是形成世间万物的关键。我们所熟知的《老子》中的一句：“道生一，一生二，二生三，三生万物。”“道”即“气”，由此顺序模式产生了“天地”及世间万物。气源说不仅道家赞同，几千年来也得到几乎所有中国学者的一致肯定。但是郭店竹简中不仅完全不存在这句话，而且在出土的《太一生水》中，提出了完全不同的水源说。“太一生水，水反辅太一，是以成天。天反辅太一，是以成地。天地复相辅也，是以成神明。神明复相辅也，是以成阴阳。”此处认为水才是万物的本源，而且世间万物是一个循环产生的模式。由此可见，两千多年前古人就已经科学地认识到水在地球生态形成中起到的重要作用。《太一生水》的出土进一步充实了道家学说的内容，这也是首次发现的先秦时期有关宇宙生成的重要文献。

郭店竹简产生的时间距离老子生活的年代只有三百多年，可以认为这个版本的《老子》最接近于原著，一定程度上填补了中国先秦时期思想史方面的一些空白，让我们对道家学说有了全新的认识。它记录了古代先贤原始、朴素的哲学思想，使我们更加接近道家学说的本质，更加接近千年之前老子和他的精神世界。

040 匈奴帝国的草原狂飙

国家宝藏

匈奴金冠

年　代：战国，公元前 476—前 221 年
尺　寸：高 7.3 厘米，带长 30 厘米
材　质：金
出土地：1972 年内蒙古自治区鄂尔多斯市杭锦旗匈奴墓地出土
收藏地：内蒙古博物院

【引言】当一般大众讲述中国历史时，经常是围绕着中原地区的汉文化，而对其他民族文化的介绍和了解不多。他们与我们共生共存，彼此的文化相互交流融合，他们是过着怎样的生活？匈奴金冠向我们展示了另一个角度所观察到的古代历史。

“河南地”遗珍

1972年冬，内蒙古鄂尔多斯市杭锦旗阿鲁柴登阿门其日格公社桃红巴拉生产队的社员在进行冬季副业生产时，在阿鲁柴登以南3千米的沙窝子中发现了一批极珍贵的金银器。由于当时人们保护文物的意识薄弱，这批金银器有所流散，一些文物被村民们当作金银制品卖给了当地银行。当地政府通过群众反映得知挖出金银器的消息后十分重视，立即将有关情况报告给了内蒙古文化局。1973年春，内蒙古文物工作队派出田广金、李作智前去调查。田广金、李作智到了当地后，一方面在当地政府的配合下，走到村民中去宣传国家文物保护的相关政策法规，让村民们了解到文物保护的重要意义，使他们对文物和文物保护有了一定的认识。经过半年的努力，被银行收购的文物全部追回，而一些当地村民也主动地将自己手中的文物捐献出来。另一方面，田广金、李作智在当地群众的帮助下，开始了现场调查和发掘工作。他们根据现场发现的人骨和兽骨，判断这批遗物分别出土于两座古墓之中，共出土金器218件、银器5件、石串珠45枚，其中就包括大名鼎鼎的匈奴金冠。

匈奴是战国、秦汉时称雄中原以北的强大游牧民族，兴起于公元前3世纪的战国时期，匈奴金冠的出土地点杭锦旗阿鲁柴登地区属于史书中所记载的“河南地”的范围。《史记·赵世家》记载，公元前306年，赵武灵王“西略胡地，至榆中，林胡王献马”，所以当时林胡驻牧在“河南地”。公元前214年，秦始皇命蒙恬率军北击匈奴，匈奴被逐出“河南地”。公元前209年，匈奴冒顿单于继位，开始对外扩张，在大败东胡王之后，随即并吞了楼烦、白羊河南王，并得到了蒙恬所取的匈奴地及汉之朝那、肤施等郡县，还对汉之燕、代等地进行侵掠，匈奴再次占领“河南地”。公元前127年“卫青复出云中以西至陇西，击胡之楼烦、白羊王于河南……遂取河南地，筑朔方”。匈奴又一次失去了对“河南地”

控制。根据上述《史记》的记载，我们可以推断出，战国时期居于“河南地”的是匈奴的林胡王、楼烦王和白羊王，因此匈奴金冠的所有者应该是战国晚期至秦汉之际活动于此的林胡王、楼烦王或白羊王这一层级的匈奴贵族。

在内蒙古阿鲁柴登战国晚期匈奴墓出土的金银器中，包括大型虎咬牛纹金牌饰，镶宝石虎鸟纹金牌饰、虎形金饰片、羊形金饰片、嵌绿松石金耳坠、金项圈、金串珠、金锁链等，充分展现了匈奴贵族佩饰的高贵与奢华。其中以金冠饰最具特色。金冠由一鹰形冠顶饰和3条金冠带组成。冠顶饰的下部为厚金片捶打成的半圆球体，表面錾有四狼咬四羊的浮雕图案，球体顶端立一展翅金鹰，鹰的头、颈用两块绿松石磨制而成，用一根金丝从鼻孔穿入，通过颈部与腹下相连，双眼用金片镶嵌，头颈可左右摇动，整个冠顶构成了雄鹰傲立鸟瞰狼咬羊的生动画面。金冠带呈半圆形，三条冠带的中间部位均为发辫纹，两端分别有相对称的虎、马及盘角羊半浮雕图案，背部有榫卯，可插合成一个完整的圆形冠带。这件金冠饰可能为匈奴部落酋长或王的冠饰，故此被称为“匈奴金冠”。这些匈奴金饰件最突出的特征是造型与装饰艺术独具特色，多以草原地区习见的动物形象作为装饰图案，并以钣金、浇铸、捶揲、錾刻、压印、扭丝、焊接、镶嵌等工艺技巧和圆雕、浮雕相结合的艺术表现手法，将金饰件塑造成形态生动的各种鸟兽形象，富有浓郁的游牧生活气息和独特的民族风格，是匈奴文化最具代表性的遗物。

草原丝绸之路的见证

匈奴金冠所蕴含的艺术价值、文化价值和历史价值令人惊叹，同时从它的纹饰、造型和制作工艺反映出匈奴这个驰骋在北方草原上的强大民族，通过草原丝绸之路与中原地区和西方国家进行经济、文化方面的交流和碰撞，并对开通和繁荣草原丝绸之路做出了很大贡献。

草原丝绸之路是连接中原文化和西方文化交往的通道，目前的考古资料显示，其初步形成于公元前5世纪前后。欧亚草原游牧民族非常钟爱以黄金和青铜为主要质地的装饰品，这些装饰品通过草原丝绸之路进行交换与流通，促进了不同地区游牧文化的发展和繁荣。匈奴金冠的动物纹饰与欧亚草原斯基泰文化中的动物纹饰类似，但其并不产生于斯基泰文化，而是在相同的地理环境和生计方式之下有文化的共同性。在制作工艺上，金冠采用了欧亚草原斯基泰金银制造中常见的锤揲工艺，而与该金冠类似的制品，在欧亚草原斯基泰文化中更是常见。从而证实，鄂尔多斯地区的匈奴部族与欧亚草原民族存在着密切的技术和文化交流，战国时期匈奴的对外交流已经很频繁了。

鄂尔多斯南接中原、北通大漠，活跃着匈奴部族，这里是草原文化分布的集中地，也是草原丝绸之路的重要纽带和中西方文化交流、传播的重要场所。东西方国家间的交往，是通过农耕地区民众与北方游牧民族的接触，然后又通过其传递而实现的。匈奴在其形成和发展过程中，不可避免地受到来自东方文明和西方文化的共同熏陶。而鄂尔多斯青铜器文化通过草原丝绸之路的广泛传播与交流，以匈奴帝国的崛起和鼎盛为契机，造就了欧亚大陆草原丝绸之路上游牧文化的趋同现象，形成了草原丝绸之路上民族的大融合和文化、技术、物品的大交流。

第五章

秦汉大一统的历史狂飙

秦汉时期是中国历史上第一个大一统时期，经济的发展、各民族间政治经济的融合、对外交流的逐渐扩大，为科技文化的发展创造了条件。造纸术、地动仪的发明，以及天文、数学、医学等方面的巨大成就，奠定了中国科技文化在当时世界的领先地位。“百家争鸣”也终于被“独尊儒术”所取代，经董仲舒改造的儒学成为占统治地位的思想，在这样的思想下汉代文化呈现出独特的风貌与魅力。从象征秦始皇巡幸天下的铜车马到代表汉代高超丝织技术的素纱禅衣；从云梦县睡虎地秦墓的睡虎地秦简到为汉宫的夜晚带来光明的长信宫灯，无不彰显出“高科技”这一特点，也构成了秦汉时期艺术珍品的独特风格。通过这一件件文物，我们可以了解那一段段跌宕起伏的岁月，探访先人的事迹和心声，感受历史的广阔浩瀚。每一件文物背后都暗含着历史中的起承转合，这些文物或是开启了一个新的时代，或是扭转了历史前进的方向，或是为历史的发展埋下了千年伏笔……它们点点相连，构成了整个历史的庞大体系。通过这些文物，我们或许找到了开启历史大门的钥匙。

041 秦始皇巡幸天下的见证

国家宝藏

铜车马

年　代：秦，公元前221—前206年

尺　寸：一号车舆宽74厘米，进深48.5厘米。车輢（车厢两旁人可以倚靠的木板）较低，四面敞露，车舆内竖立着一个高杠铜伞，伞下有一立姿御官俑，车上配有铜弩、铜盾、铜箭镞等兵器。二号铜车马，出土时破碎为1555块，经修复，完整如初。车通长3.17米，高1.06米，相当于真车马的一半。总重量为1241千克

材　质：青铜

出土地：1980年陕西省临潼市秦始皇陵坟丘西侧出土

收藏地：秦始皇帝陵博物院

【引言】秦始皇陵兵马俑被称为“世界第八大奇迹”。经过了春秋战国漫长的诸侯争霸，秦朝成为中国历史上第一个大一统王朝。秦始皇成为中国第一个称皇帝的君主。秦始皇陵作为中国历史上第一个皇帝陵园，其巨大的规模、丰富的陪葬物居历代帝王陵之首，而出土于其中的铜车马是秦始皇的陪葬品之一，象征着秦始皇銮驾的一部分。铜车马的出土使今人能够清楚地看到古代御用车驾的真实面貌。

铜车马的发现及发掘

秦始皇陵兵马俑发现震惊世界。在秦始皇陵兵马俑坑发现之后，陕西省秦俑考古队继续在皇陵周边进行发掘，向庞大的陵园内挺进，以钻探地下埋藏的秘密。没想到过了几个月，又一次发现了足以震惊世界的文物——铜车马。

在皇陵封土西侧20米处，考古人员发现了一个铜车马坑，这是靠近陵墓的一个大陪葬坑中的一小部分。据探测，这个铜车马坑有五个存车马的过洞。1980年冬，考古人员发掘了最北的一个过洞，在其中发现了一前一后共两乘大型彩绘铜车马。

而整个发掘过程，还要往前追溯。那是1978年的夏天，考古队的程学华先生带领钻探人员手持洛阳铲在秦始皇陵封土西侧约20米的地方不知疲倦地寻找着、挖掘着。时间一天天过去，程学华小分队仍一无所获。10月3日，钻探队员杨续德将深入地下7米的探铲费力地拔出来，接着认真观察探铲带出的泥土，突然被一晃而过的金属光泽吸引，他看到了一个指肚大小的金泡，就是这一个金泡的发现，揭开了发现秦陵铜车马陪葬坑的序幕。带着疑问，他随手擦拭掉了覆盖在金泡上的泥。小小的金泡在太阳的照耀下发出炫目的金属光泽。看了好一阵，杨续德仍想不出这金泡究竟是什么，环顾四周，他跑去不远处和程学华说：“程老师，我钻出一个圆珠。您看，像是金子做的。”程学华接过金泡，来回把玩，霎时，他突然想到了什么，就催促杨续德："快带我去看看！"程学华详细察看了金泡出土的位置。这里离秦始皇陵封土20米左右，这样近的距离内陪葬的物品应该不同寻常。他重新拿起探铲，将其深入地下。和从前差不多的泥土被探铲带了上来。程学华小心地扒开土层，一个银泡和一片金块显露出来，不大，但他的手开始颤抖，凭着多年考古经验，他感觉这地下的器物一定是件稀世之宝。当最后一块金丝灯笼穗出现在眼前时，他的心剧烈地跳动，他的预感被这块金丝灯笼穗证实了，在这7米深的地下，暗藏着的是他辛辛苦苦找寻了4年的稀世珍宝——铜车马。

1980年10月至12月，根据时任国家文物局局长任质斌的意见，考古队对铜车马陪葬坑进行了发掘清理。11月3日，考古学家袁仲一和程学华根据当时钻探的情况，做了周密的计算，在铜车马的覆盖土层上划出一个长方形图路，即第一过洞。钻探小分队队员依照图路下挖，开工第一天就深入地下50厘米。11月19日，当考古人员挖至地表下2.4米深的时候，发现了一块完整的秦砖。再往下挖，发现了棚木朽迹和下面的木椁。这些棚木和木椁在黄土的重压和泥水的浸蚀下，全部腐朽塌陷，考古人员只好按发掘程序一层层、一点点，认真细致地清理。12月3日，就在开工刚好一个月时，当清理至5米多深，在五花土中发现了青铜残片。铜车马深在地面7米以下，况且已被土层压碎，仅一乘铜车就破碎成1500余块，按考古人员的计算，光清理一个马头就需要半年时间。为了安全起见，考古队袁仲一、程学华二位先生在铜车马坑旁用干草搭起了一个简易棚，日夜守护。然而，仅靠人守护并不是办法，按传统的清理办法所需时日又久，更难以保证铜车马的安全。所以，如何将铜车马安全、完整、尽快地运入博物馆，成为一个重大而首要的难题。

复杂的现状，使秦俑馆每个人都知道，不能再有丝毫的耽误。必须打破常规，另辟蹊径。秦俑坑考古队负责修复的副队长柴忠言建议采取整体提取的方案，即在铜车马底部铺上一块大钢板，四周用土板钉成一个大盒子，顶部用木板封盖，这样，铜车马就从整体上被加固封闭起来。因为是一个整体，用吊车吊装就成为不算困难的事情。吊出后，可运至室内慢慢清理修复。这一方案不仅可以尽快将铜车马一次性提取，而且最关键的是可以防止铜车马等文物在发掘工地夜长梦多，遭遇意想不到的险失。方案一经通过，接下来就是付诸行动。准备就绪，考古人员将铜车马的四周挖了几条深达10米的宽沟，以4立方米木板的代价，将铜车马连同1米厚的土层包裹起来，成为4个大型木箱。钢板簸箕用吊车放入坑中，簸箕口对着铜车马，板台架设千斤顶，使簸箕向铜车马的底层慢慢推进，以使整个木箱进入簸箕。12月28日，吊车开始起吊，4个木箱裹挟着铜车、铜马完整地进入汽车拖斗，在一片欢呼声中，汽车冒着浓烟，轰鸣着驶往秦俑馆。至此，历时50余天的铜车马发掘提取工作画上了句号。铜车马室内清理工作由柴中言、吴永琪主持，一号车由吴永琪主持修复，二号车由柴中言主持修复。历时3年，1983年8月，二号铜车马修复完成，10月1日正式对外展出。1987年5月，一号铜车马修复完成，与二号铜车马一起对外联展。

秦始皇陵铜车马坑出土了两乘金光灿灿、五光十色的大型彩绘铜车，以及8匹铜马、2个铜驭手。尽管经过了两千多年埋藏的历史岁月，铜车马被上面的覆土压塌变形，但整套车马革皮具齐全，银质饰品色泽光洁，金质器物闪闪发光，秦铜车马向后人首次展现出了它的英姿。

铜车马的作用

铜车马是中国考古史上发现最早、体形最大、保存最完整的青铜车马。这组铜车马按出土时的前后顺序编为一号车和二号车，是按照皇帝御用车队中属车的形制缩小二分之一做成的。

一号车叫立车，又叫戎车、高车，乘车时驾车者立于车上。以功能而言，此车是在主人乘坐安车出行时，在前方开路警戒的，其作用类似于今天的警车。二号铜车马为后车，驾车人坐姿驾车，称之为“安车”，是供主人出行乘坐的。

铜车马是青铜文化艺术积累和青铜器技术发展的必然结果。商周时期，青铜器冶炼发展到第一个高峰期，青铜冶炼作为一个重要的手工业生产部门，经济及文化意义突出，但是器型等相对固定。春秋战国时期，青铜器逐渐被铁器所替代，但是青铜器的器型有所突破。

秦始皇统一六国后，随着国力的不断强盛加上追求盛大气势的传统，秦始皇使青铜器具有高大的体型、健硕的体态。秦始皇曾经多次到全国各地出巡，每次出巡都伴有宏大的车马队伍，以显示秦朝强盛的实力。因此，车马成为秦始皇生活中彰显地位的必要部分，而随着青铜冶炼技术的提高，为适应帝王“事死如生”的需要，大型的青铜彩绘铜车马应运而生。

秦人与车马的联系密切，车马一直与秦人相伴。秦的祖先大费为帝舜“调驯鸟兽，鸟兽多驯服，是为柏翳，舜赐姓嬴氏”。其后，费昌亦曾“去夏归商，为汤御”。后来的孟戏和中衍，也因为善御的缘故，被征为商王太戊的车御。太戊以后，有所谓“自太戊以下，中衍之后，遂世有功，以佐殷国，故嬴姓多显，遂为诸侯”。周代，秦人善御的传统更加被发扬光大。造父曾为周缪王驾车周游天下，途中“长驱归周”，“一日千里”平定了徐偃王叛乱。其六世孙非子“居犬丘，好马及畜，善养息之”，“于是孝王曰：‘昔柏翳为舜主畜，畜多息，故有土，赐姓嬴。今其后世亦为朕息马，朕其分土为附庸。’邑之秦，使复续嬴氏祀，号曰秦嬴。”可见，嬴氏秦姓的得来，也与其善养马有关。后来，周平王东迁时，秦襄公曾赠大批良马相助，作为护送迁都的动力，由此立了大功，获得赠地封爵的赏赐。

地处西北边陲的秦人，凭借优越的自然地理环境形成了养马的习惯，并在积累丰富的饲养经验的同时掌握了马的各种习性。一方面，大批良马的养成为秦

一号铜车马

国的进一步发展强大创造了有利条件；另一方面，娴熟的养马技术又为艺术家们塑造艺术作品提供了绝好的素材。这便成为秦陵周围出土的铜车马达到惟妙惟肖、入木三分的真实效果的重要原因。

由于马具有超人的力量和速度，所以当时不论在征战、交通，还是生产、商贸等各个方面，马都形成了最主要的动力。在战国七雄中，正是秦国具备了马这一充裕的动力，才有了战胜他国得天独厚的条件。据史载，当时魏国拥有“骑五千匹”，燕国拥有“骑六千匹”，而此时的强秦已是“车千乘，骑万匹”了。人们常说赵武灵王“胡服骑射”，将骑兵的出现归之于赵，其实，秦穆公时，已有“畴骑五千”，较赵武灵王早了三百多年。

养马爱马又体现在秦人的各类活动中，秦人与车马总有着不解之缘。《诗经·秦风》中“有车邻邻，有马白颠”“游于北园，四马既闲。輶车鸾镳，载猃歇骄”“四牡孔阜，六辔在手。骐骝是中，䯄骊是骖”等诗句，正是对这些良马的赞歌。

从秦的立国及后来的统一战争来看，车马都起到了难以替代的作用，因而，秦王朝建立以后，在全国建立起了一整套马政机构并颁布了有关的法律政策。中央九卿之一的太仆是主管马政的最高官吏，其下设丞二人为副手，京师咸阳附近有若干官马机构，如大厩、左厩、中厩、宫厩等。除了官方养马之外，秦王朝还鼓励私人养马，如乌氏倮就养了大量的马牛，多到要以山谷来计算的程度，秦始皇曾赐给他封邑。

在秦国的祭祀活动中，车马也体现着其独特的地位。《史记·封禅书》载，秦对上帝祭祀。襄公筑西畤，以骝驹（黑鬃红马仔）、黄牛、羝羊各一为牲祭祀白帝。秦始皇统一天下后，自华山以西的“名山七，名川四”，增加“骝驹四”；陈宝则“春夏用骍、秋冬用骝”。同时，在雍城四中，用“畤驹四匹”以祭之，且均采取活埋的方式。秦是以马牲作为常祭的特点。

秦人与周人长期杂居，受其“天命论”的影响，自称“受命于天”，来完成统治天下的大命。因此，秦人频繁在“陈宝”中以马为牲举行盛大的国祀大典。然而，以大量活马为牲祭祀，很明显的一个特征，就是因秦人早期以养马擅长，与马已经建立起了深厚的感情。车马成就了秦人的事业，秦人自然也就以最高的礼遇对待马。

总而言之，秦人祖先以养马发迹，而当秦之世，又以“车千乘，骑万匹”的规模，横扫六合，一统天下。随后，在全国设立一系列马政机构，对其社会、经济、政治、军事等的发展均起到了积极作用。正如汉代大将马援所言：“马者甲兵之本，国之大用。”秦人与车马结下了浓厚的历史情结，车马也贯穿了秦社会的始终，为秦社会的发展做出了不可磨灭的贡献。

042 度量衡的统一

铜量

年　代：秦，公元前 221—前 206 年
尺　寸：高 6.2 厘米，深 6.07 厘米，长 21.9 厘米，口径 9.2 × 17.1 厘米
材　质：青铜
出土地：不详
收藏地：中国台北故宫博物院

【引言】打开高中历史课本，我们了解到秦始皇统一中国成就霸业，而商鞅变法为后来秦始皇统一度量衡奠定了基础。商鞅在变法时将秦国量器容量定为一升，并以此为标准统一了秦国的量器。为什么秦国能从战国众多国家中脱颖而出，成为历史上第一个统一的帝国？答案就藏在小小的铜量里。

混乱的战国制度

春秋战国时期，随着周王室的日趋衰微，各诸侯国有实力自己长时间割据一方，并执行自己的一套度量衡标准。但是，各国的度量衡制度是非常混乱的，各国度量衡的长短、大小、轻重不同，单位不同，进位也不同，计量单位很不一致。例如量，秦国以升、斗、桶（斛）为单位，齐国以升、豆、区、釜、钟为单位。又如衡的斤以下单位，秦国有两和铢，楚和魏则有锊（锾），魏国又有大于斤的镒。同时，还有公制和私制的不同。度量衡的诸多不同严重桎梏了社会经济的发展。基于这种状况，一些政治理论者提出了要制定统一的度量衡制度，这样利于国家的稳定和经济的发展。秦国的商鞅在《商君书·修权篇》说："故法者，国之权衡也。"为此商鞅在秦的变法实践中，实行了"平斗桶、权衡、丈尺"，这就是统一度量衡，具体即对长度、重量、容积、面积进行了比较全面的改革。商鞅在秦孝公十八年（前344），监制了标准量器商鞅方升，以大良造的名义颁发了一个法律条文："爰积十六尊（寸）五分尊（寸）壹为升"，即规定16.2立方寸为升。

秦始皇统一全国之后，秦始皇沿用商鞅制定的度量衡器并以此为标准在全国范围推行。他推行标准的度量衡器所采取的主要措施。一是颁布诏书确定统一的度量衡。二是确定了度量衡的标准。第三是制造了大量的标准度量衡器，并分发各地。秦量大多为椭圆、广口、瓢状、有柄，中国台北故宫博物院中所藏的秦铜量即是秦朝时期全国通行的标准度量衡器之一。量器的单位名称和单位系列，有斛、一斗、三分之一斗、四分之一斗铜量和一升铜量、陶量。现存出土的秦权、秦量均铸或刻有秦始皇诏书，有的还加刻了秦二世的诏书。四是严格的校准制度。每年对全国度量衡器进行定期鉴定，以保证计量器具的准确和统一。

秦度量衡的统一及发展

秦的度量衡改革开始于秦孝公六年（前356）的"商鞅变法"。秦孝公十二年（前350），商鞅开始第二次变法，“平斗桶、权衡、丈尺”是其重要改革内容。与此同时，商鞅制作了一批制造精良的度量衡标准器颁行各地。如今出土或传世的诸多两诏铜器，在同一件标准度量衡标准器上分别刻秦始皇二十六年和秦二世元年诏，说明秦二世即位后，延续了秦始皇统一度量衡的制度。由此可见，秦自孝公十二年商鞅“平斗桶、权衡、丈尺”，至秦始皇二十六年颁布诏令，再至秦二世元年重申诏令，秦之度量衡制度可谓一贯如故。

春秋时期，各诸侯国纷纷改革旧制，制定了各自独特的度量工具和度量标准，如齐国的铜权、楚国的铜环权、邹国的廪陶量，等等。当时齐国的一位士大夫，在贷给贫民粮食时用自家的大斗称量，而在回收或者征税时则用公用的小斗。用这样的方式让农民获得余粮，减轻赋税，以笼络人心。度量衡成为掌权者进行政治斗争的工具。国家分裂导致的结果是，每个国家甚至同一国家的不同世家，度量工具的单位和名称都不相同。

这样一来，在春秋战国时期，就可能会发生这样有趣的景象，秦国人和楚国人同时拿出十釜粮，结果就可能相差数倍。对战国时期的诸子来说，他们要周游列国，至少也要记住七种不同的计量方法。这样就造成了不同地区之间的货物交易极为不便，大大阻碍了地区间的经济发展。

当时，多国君主已意识到了度量衡混乱对于经济发展的阻碍。尤其是秦国，在商鞅第二次变法时，将土地国有变为私有，统一交税。税的形式是粮食，交税需要按照统一的标准，需要有统一的量器。于是商鞅就利用国家机器的力量，统一了度量衡制，并颁布了度量衡的标准器，就是这种商鞅量，在它底部有明确的铭文标注容积，现在实测结果为202.15毫升。这种度量制定的初衷，是为了保证秦国赋税的收入、生产活动的高效，也有助于秦国跟中原地区贸易往来。正是因为这样的改革，使地处西陲的秦国以更快的速度发展起来。

公元前221年，秦王嬴政灭六国，一统天下。统一后的秦始皇面临着巨大的考验，如何在全国范围内统一法度、文字、度量衡就是其中之一。铜量上面篆刻的铭文记述了秦始皇统一天下度量衡的史实。铭文上写道："廿六年，皇帝尽并兼天下诸侯，黔首大安。立号为皇帝，乃诏丞相状绾，法度量则不壹歉疑者，皆明壹之。"这一诏书，以皇帝的身份要求全国推行统一的度量衡制度。而这段铭文，在秦朝所有计量工具上都有篆刻。这些计量器具是官方统一督造并分发各地的，以彰显度量衡的权威性。秦朝还有专门的法律，维护监督计量标准的执行，任何人不得违抗。而对于度量器具的误差，秦朝也有专门的制度进行规范，并定期检查。

秦始皇制定十进制的引、丈、尺、寸、分来计量长度，十进制的斛、斗、升来计算容量，用石、钧、斤、两、铢来计量重量。度量衡的统一，为秦朝国家机器的正常运转和社会活动的进行提供了有力的保障。

秦度量衡对后世的影响

秦朝的度量衡制度一直沿袭到民国。即使在现代的计量法律制度中，也包括了类似秦朝度量衡法制的单位制度和器具制造制度等内容。可见，秦朝度量衡法制对后世影响深远。

首先，全国上下有了标准的度量准则，为人们从事经济文化交流活动提供了便利的条件。例如《芈月传》第十六集芈月拿着楚国医生的药方在秦国抓药一节，不仅提到了秦、楚两国文字和货币各异，而且还具体论及两国之间的度量衡也存在很大差别，因此还招致秦国药铺掌柜的误解，拒绝按照药方剂量取药，怕害人性命。幸运的是，药铺主人庸芮博学多识，自称早年曾游学楚国，知悉"楚国的计量方法"，最后亲自帮助芈月解决了困难。秦的标准化建设在经济上具有更加重要的意义。秦的标准度量衡制打破了贸易壁垒，结束了内耗局面，有力地推动了各地物资交流，加强了全国经济联系，有利于中央集权的巩固与国家的稳定，促进了社会进步，为西汉盛世的到来打下了坚实的基础。

其次，度量衡的统一对赋税制和俸禄制的统一产生了积极作用。商鞅变法前，秦国各地度量衡并不统一。因此，赋税标准不能统一，每个县上交的粮食数量不一致，给秦国的赋税统计带来了极大的麻烦。等到商鞅变法时，变土地公有为私有，为了赋税的统一，制作了秦铜量，统一度量衡，使得秦国的赋税便于统计，各县交上来的赋税单位数量能够统一。

再次，度量衡的统一有利于消除割据势力的影响，维护秦朝大一统的局面。秦的一切制度，始于商鞅，总其成于始皇。秦从商鞅开始依法治国，在社会方方面面制定律令，律令制定都非常的具体化、细节化、生活化，使各阶层的社会行为各按其律令实施，使其有法可依，依法治国。由于这种律令的保证，使秦的标准化得到迅速发展。标准化的实施使秦国一跃成为战国时期最强大的国家，为统一六国提供了物质基础。随着秦始皇吞并六国，这些事物的标准和规范也扩大到了整个庞大的秦王朝近乎全部的国土上。秦通过一系列的标准化建设，建立一定的标准化体制，改变了各国分裂割据形成的不同的标准，社会各领域形成了一定规范，利于消除各国割据余毒，加强了中央集权，巩固多民族国家的统一，维护政治上的稳定。

最后，度量衡的统一为现在度量衡标准奠定了基础。直至两晋南北朝以前都大体沿袭秦制。秦始皇统一度量衡制是中国古代历史上的一个重要事件，对中国统一多民族国家的形成和社会经济的发展，起着重要的作用。

貲工曰不可者二甲●射虎車二乘為曹虎未越泛蘚從之虎環貲一甲

工擇榦榦可用而久以為不可用貲二甲●工久榦曰不可用負久者久者謁用之而

之及弗備貲其曹長一盾大官右府左府右采鐵左采鐵課殿貲嗇夫一盾

佐一盾三歲比殿貲嗇夫二甲而灋殿而不負費勿貲賦歲紅未取省而亡

廿給漆園三歲比殿貲嗇夫二甲而灋令丞各一甲采山重殿貲嗇夫一甲

貲司空嗇夫一盾徒治五十●漆園殿貲嗇夫一甲令丞及佐各一盾徒絡組各

043

解读秦代的法律

睡虎地秦简

年　代：秦，公元前 221—前 206 年

尺　寸：长 23.1 ~ 27.8 厘米，宽 0.5 ~ 0.8 厘米

材　质：竹简

出土地：1975 年湖北省云梦县睡虎地秦墓中出土

收藏地：湖北省博物馆

【引言】绚丽而短暂的秦王朝二世而亡，在历史长河中留下了浓墨重彩的一笔。后世人们研究其速亡原因时，严刑峻法成为绕不开的一个话题，语文课本中《过秦论》和历史课本中关于秦的介绍都向我们展示了一个暴政的秦王朝。严刑峻法的真正情况到底如何，史料记载语焉不详。睡虎地秦简的出土终于为人们揭开了秦代法律的神秘面纱。

云梦初醒

睡虎地竹简，顾名思义，是在睡虎地这个地方出土的竹简，又称云梦竹简，因为睡虎地属于湖北的云梦县。湖北省云梦县睡虎地本是一个名不见经传的小地方，战国时属于楚国。后秦灭六国，一统天下。就是这个地方，时间来到两千多年后，一个农民的巧然发现，使它名扬天下。

那是1975年的秋天，炎热的夏天过去，田里的庄稼基本收割完了。城关公社肖李生产队的社员张泽栋有一块园田地在睡虎地附近，因排水不好，经常发生涝灾，他决定利用收割完庄稼的农闲季节，挖一条排水渠。一天，他约了一个同伴一同来到睡虎地，开始挖水渠。挖着挖着，他突然发现土的颜色发生了变化，由黄色变成了青黑色。他似乎预感到了什么。因为两年前在当地大坟头曾出土过古墓，他曾去看过，那泥土的颜色跟这里的一样。莫非这里有古墓？他不由得放下镐头，连家也顾不得回，就向县文化馆跑去。

这件事引起了文物工作者的高度重视，因为这里曾是战国的楚地和秦朝疆域，如果真的也有古墓，甚至有秦简待被发掘，那将对秦代社会研究意义重大。他们迅速将这一情况逐级上报，湖北省博物馆考古队赶到云梦后，经过探测，于1975年底至1976年春，发掘工作浩浩荡荡地正式开始。本次发掘，国家文物局还特地从北京派来了重量级学者李学勤等人。

随着考古活动的展开，大量的竹简被发掘清理出来。这些竹简就是在竹片上用墨书写文字，用绳索将其编组而成的书。竹简用细绳分上、中、下三道编结，按顺序编组成册，共1155枚，残片80枚，近4万字，为秦始皇时期的人所手书。秦简上的内容反映的时间长达一百年之久，早至商鞅变法，晚到秦始皇三十年。两千多年过去了，它们依旧保存完好，这是由于竹简与空气隔绝，延缓了自身的氧化。是什么造成竹简与空气隔绝？参与过发掘的考古学家认为有两个原因。一是睡虎地墓葬修建于秦统一六国后不久，虽为秦墓，却还是楚墓形制，墓里内棺外椁，墓外六面均以“青膏泥”密封，这青膏泥质地细腻、黏性较强，起到了隔绝空气的作用。二是云梦曾为古云梦泽的一部分，地下水位很高，使睡虎地墓葬长期浸于水中，有益于隔绝空气。对于竹木器的保存，干燥环境反而是不利的，考古界素有“干千年，湿万年，半干半湿只半年”的说法。但是，长期保存在与空气隔绝的地下水中，这一出土，与空气接触，反倒面临保存的难题了。1976年3月，国家文物局将这批竹简急调北京，进行科学保护，具体的处理方法是脱水，脱水处理后的竹简变得较软，被分别保存在玻璃试管中。

秦法之争

睡虎地秦墓中沉睡着的是一个叫“喜”的人，他是这座墓葬的主人，是秦国的一个基层官吏。据考证他青年时从军，参加过秦始皇统一六国的战争。他所任最高职务“令史”也在县令属下，是一位下层官吏，睡虎地秦简多为他抄录。

睡虎地秦简被分类整理为十部分内容，包括：《秦律十八种》《效律》《秦律杂抄》《法律答问》《封诊式》《编年记》《语书》《为吏之道》，甲种与乙种《日书》。这些内容也已被整理为书籍《睡虎地秦简》出版。其中法律部分记载了秦代施行的二十几个单行法规的条款原文，共记载法条六百条。记载的秦律形式主要有：律、令、式、法律问答和廷行事。我们熟知的《秦律十八种》就属于“律”，“律”即是法、法律，内容涉及经济、政治、社会生活的方方面面。时至今日，尚未见到完整的秦代法典，所见最多的法律条文也仅是睡虎地云梦竹简所载的一千多枚竹简记录的秦朝条文。而这些记载是相比文学作品更接近历史真相的文物，因此在学界掀起了一阵为秦代法律“正名”的浪潮。

部分学者认为，秦代法律有被儒生歪曲的可能，它更多的是严格而非残暴，尤其对于道德的约束比今日都更明确。例如《秦律》中关于“见义勇为”的规定：“有贼杀伤人冲术，偕旁人不援，百步中比野，当赀二甲。”这话的意思是：有在大庭广众下伤人的情况发生，周遭距离百步之内的人不伸出援手的话，要罚款，罚两具盔甲那么多的钱。在当时，这是一笔很重的罚金了。再例如《秦律杂抄》中关于“工程质量”的要求：“非岁红（功）及毋（无）命书，敢为它器，工师及丞赀各二甲。县工新献，殿，赀啬夫一甲，县啬夫、丞、吏、曹长各一盾。城旦为工殿者，治（笞）人百。大车殿，赀司空啬夫一盾，徒治（笞）五十。”这话是在说：不按标准用料建工程的话，上到工程师下到包工头，一律有

罪，有的要被罚钱，有的要接受刑罚。修城墙如果出现“豆腐渣”工程，要打一百大棍，那些残次品生产者，监管部门要被罚款，再打黑心老板五十大棍。如此来看，现在的很多社会问题在当时都已经被明文规定进了法律了。但是，仍有另一部分学者认为，睡虎地秦简的记载时间毕竟局限在战国中期至秦始皇前几年，反映的社会现状与秦末有所不同，而秦法在秦始皇至秦二世还在变化着，现反映出的秦法已经展现出了极其严苛的一面，那么秦代后期法律的弊端会更加明显甚至荼毒后朝，是显而易见的。

虽然争论至今也没有得到明确的答案，但可以肯定的是，睡虎地秦简是中国考古史上第一次发现的秦代简牍，而且简文内容又极其丰富，这极大地填补了秦代史料记载的空白，让战国、秦汉的考古学研究向前迈进了重要的一步。

纵览古今

透过睡虎地秦简，我们不仅可以看到秦代法律的基本情况，还可以进一步窥见秦代社会的风貌。

睡虎地秦简中提到，秦朝基本国策为耕战政策，这沿用了商鞅的思想，用兵农合一的方式来提高国家的经济与军事力量，从而维护政权、扩大疆域。可见小农经济下的秦朝重农思想盛行，鼓励农业生产，为统一的国家打下了坚实的物质基础。对内，秦律则严格要求官员

睡虎地秦简之《秦律杂抄》简

清正廉洁，各级官员的任用需要明确的审批流程，“良吏”和“恶吏”分别用来代指清廉守法的和假公济私的官员，利用法律和舆论双重压力来约束领导者的行为。因此秦代社会体现出政治清明、风气正的面貌。这种沿袭商鞅变法，以法家思想为主的治国方略，促使秦代国力迅速增强。睡虎地秦简中记载的秦律，不仅反映了当时的秦律制度，更对于后代王朝起到了很深远的借鉴意义。

从艺术的角度看，睡虎地秦简简册是用墨书写的，字体是“秦隶”。这个名称的意思是那时中国的文字属于一种从篆书往隶书转变的字形，有着十分重要的书法价值。篆书的特点是笔法瘦劲挺拔，直线较多，保存着古代象形文字的明显特点。而隶书则是字形多呈宽扁，横画长而竖画短，讲究“蚕头燕尾”“一波三折”，开始化繁为简。篆隶的特点在秦隶中得以综合体现，这也使睡虎地秦简成为研究中国书法变化发展的一个重要根据，从此书法史在秦至汉的真迹研究有了确凿的实物资料。

提到隶书，人们往往认为是汉代的专利，其实在秦朝统一六国文字为篆书后，随着社会的发展，隶书很快因为它简易、方便和应用范围广的优势占据了主流，为后来日渐成熟的汉隶开了先河。秦简记录下的秦隶在中间作为一个过渡字体，承上启下，继往开来，完美地记录了汉字的“隶变”过程，即汉字由具象到抽象、由表形到表意、古汉字演变成现代汉字的过程。这一变化体现了正式进入封建社会的中国，在社会和语言上的进步、文化的发展。

云梦睡虎地秦墓竹简作为一种实物资料，像一个多面的镜子，无论从哪个角度去看，都能够看到背后蕴藏着的整个秦王朝的社会兴衰。

文帝行玺俯视图

文帝行玺印文

044 国家宝藏

秦汉印玺制的明证

文帝行玺

年代：西汉，公元前 206—8 年
尺寸：印面边长 3.1 厘米，宽 3 厘米，通高 1.8 厘米
材质：金
出土地：1983 年广东省广州市象岗山西汉南越王墓出土
收藏地：南越王墓博物馆

【引言】在我们的生活中，很多习以为常的事物其实背后都有着它的历史渊源，也许还凝结着古人的智慧。当你拿起一块小小的印章时，你不会想到，早在千年之前，它就在古老的中华大地留下了完整的规章制度，这一制度自秦汉影响至今，早已潜移默化地改变了人们的生活。透过文物文帝行玺，我们可以去探索它存在过的踪迹。

汉文帝与南越王金玺

汉文帝刘恒是西汉的第四个皇帝，他的母亲薄姬是汉高祖刘邦的一个嫔妃，地位不高，因此汉文帝小时候并不受重视。他的性格温和低调，做了皇帝后也继续这种宽厚的态度，于是在统治中就体现出擅长文治、亲民的风格。在经济上，他说："朕闻之，天生蒸民，为之置君以养治之。"就是对百姓要管理和养育并行，既要减少赋税、鼓励生产，又要在天灾发生时给予补助。文帝将一些天文现象看作是老天对自己的警告，那个时候如果发生了蝗灾旱灾，诸侯可以不进贡，为百姓开放山林水泽，同时开仓济粮，减少皇宫日常用耗，精简官吏，允许富人以钱买爵。他对百姓慷慨，但对自己严苛，即位二十三

年来，皇宫设施一概没有增加，一切为天下先，就连古时最重视的墓冢都化繁为简，用瓦器代替金银装饰。在法律上，汉初沿袭了大部分秦法，但文帝认为，法律是立国之本，法律本身要禁止残暴，才能引导人们向善。如果百姓已经犯了罪，法律又用不公的刑罚去处置他，那不是在加害于民然后使他们去干更凶暴的事吗？因此，他先后废除了连坐法和肉刑。文帝曾和进谏者商讨，他认为，连坐法是将无罪的亲人一起定罪，是不公正的，无辜的人不应该受到处罚；肉刑是残忍的、不道德的，身体发肤受之父母，汉天子作为天下黎民的父母，不能使他们终身陷于皮肉之苦，应改为笞刑和杖刑。在民族关系上，汉朝边界的隐患在于匈奴和南越国。文帝对待匈奴继续沿用和亲政策安抚平稳，同时在匈奴侵扰边界时三次出兵抵御，将匈奴击退。南越国是位于汉地岭南地区的一个王国，聚集着大量少数民族人口。公元前181年开始，吕后对南越国实行禁绝关市的经济封锁，南越王赵佗和汉朝决裂。到了文帝时，他基于大一统的局面，对南越采取安抚政策。公元前179年，文帝遣使官陆贾出使南越，主动摆明友好态度。同时向南越提供发展生产所需的铁器、农具、马牛羊等，并派人修葺南越王的祖坟。在文帝诚意的感召下，赵佗谢罪称臣。这样一来既维护了民族团结、边疆稳定，又促进了岭南地区经济文化的发展。

广州南越王墓是广东汉代考古最重要的发现之一。该墓位于广州市区北部象岗山。墓室全用砂岩大石板砌筑，由前室、东西耳室、主室，东、西侧室和后藏室7部分组成。全长10.85米，宽12.5米。墓主身着玉衣，腰间两侧佩带铁剑10把。胸前戴玉佩饰和金、银、玉、铜、玻璃等珠串。墓主身上发现印章9枚（金印2枚、玉印5枚、绿松石印2枚）。其中2枚金印，引人注目。一枚方形龙钮金印，印面呈田字格状，阴刻“文帝行玺”4字，小篆体，书体工整，刚健有力。钮作一龙蜷曲状，龙首尾及两足分置四角上，似腾飞疾走。这枚金印铸后局部又用利刃凿刻而成，出土时印面槽沟内及印台四周壁面都有碰痕和划伤，并遗留有暗红色印泥，显系长期使用所致，说明金印是墓主生前的实用印。文帝行玺龙钮金印，是迄今所见最大的一枚西汉金印。“玺”为帝王的印章，“行玺”是指秦汉时皇帝发布诏令使用的玉玺。那么为什么行玺本应是玉器，而文帝行玺是黄金铸造的呢？文帝行玺为什么发掘于南越王的墓中呢？

从汉朝廷的角度说，文帝行玺确实是一个伪印，但是此“文帝”非彼“文帝”。对于汉文帝来说，文帝是他的谥号，是他死后才被人这样称颂；对于南越王来说，文帝是他生前的尊号。这与南越国特殊的典制有关，他们不按汉朝传统——新继位的皇帝给先皇帝追谥“文帝”“景帝”等名号，而是在位的南越王自封尊号，生前便在行玺上使用尊号，“文帝”就是南越王赵眜自封的。其次“文帝行玺”以龙为钮，黄金铸成，与秦汉时期天子用玺以白玉为材料的规则也有所不同。南越文帝按考古发掘证实其名赵眜，而根据《史记》记载则为赵胡，赵胡是南越王赵佗的孙子，他继位之后，延续南越国的帝制，一切威仪皆仿天子，赵胡去世之后，这枚黄金玺印就成为他的殉葬品之一。

行玺的具体图形构造也很有讲究，汉印的纽形很多，是用来象征主人的地位高低，常见的纽形地位由低到高排序为龟、蛇、虎、龙。此次出土的文帝行玺，纽作蟠龙形，非常罕见，显示了金印主人尊贵的地位和强大的权威。龙在中国古代向来是帝王的象征，这枚南越帝玺上的蟠龙纽，是到目前为止出土的最古老的龙形纽玺印。

官印私印的不同世界

印玺是一个带有浓厚中国传统色彩的物件，早在春秋中期，印玺就已经应用于社会活动中，那时作为信用物，还只能叫作普通的印章，在封发物件时，把印盖于封泥之上，作信验，由私人制作和使用。当政府将其应用起来，用不同的材质制作、刻上不同的图腾形状后，印章摇身一变成为具有象征意义和执

文帝行玺侧面图

行力的印玺，印玺制度也随之诞生。印玺制度最早可以追溯到先秦，自秦汉开始，确立了正式的官印制度，并在历朝历代的发展中不断变迁。以秦汉的印玺制度为例，它是以官印的尺寸和材质区别来作为划分等级与用途的标志。官职越高，官印越大，权力就更大。首先是材质，材质由昂贵到轻贱有玉、金、银、铜、铁等，其次是印文的名称，有玺、印、章、印章，还有凿制钮制雕刻的内容，分别有龙、螭虎、骆驼、龟、蛇等，最后乃至与玺印有关的绶带用多少根丝、长短、颜色也都做了相应的规定。皇帝作为最高权力的拥有者，使用的玺印也是最高等级的官印，有专用的“六玺”，都是玉螭虎纽，印文分别是——“皇帝行玺”“皇帝之玺”“皇帝信玺”“天子行玺”“天子之玺”和“天子信玺”，印文不同用法不同。皇太后、皇后所拥有的玺印，其规制同于皇帝。诸侯王的印章也称玺，但印面小于皇帝，材质也由最初玉制改为黄金制，体现了皇帝对诸侯王权力和地位的控制。列侯、丞相、大将军等人使用黄金印，龟钮，印文称章，以此类推，及至再小的官吏便配半章印或不配印。

西汉是一个大一统的时代，为了加强中央集权，在地方上继承了秦朝的郡县制，同时也采用分封制，郡国两制并行，一方面设郡分县，另一方面分封同姓和异姓子弟为王，即建立诸侯国，又叫郡国并行制。在这一地方制度的运行中，印玺制度起着举足轻重的作用，它的推行保证了公文的严肃性和有效性，在公文的传输中，起到了防止伪造公文的作用，为国家实施有效的行政管理创造了条件。

官印的形制伴随着政治的发展而变化，印玺制度对官印、私印有着明确的界限规定，不可混用，那么私印在一定程度上，则代表的是民间对于印章的审美艺术追求。秦代的私印，以凿制为多，由于体积都较小，民间俗称“秦小印”。秦始皇统一文字后，官印上的文字多为官方字体——小篆，私印的印文字体便比较随意，印文内容也不拘一格，与字体相互照应和衬托，形成一个和谐统一的工艺品。民间不乏技艺精湛的篆刻者，私印展现了治印工匠高超的应变能力和工艺技巧。相比之下，私印没有官印的对称和齐整，但更具有情趣和审美价值，是来自民间的艺术。到了汉朝，私印的数量和质量有了更大的提升，而且外形更接近官印，只是体积较小。在小小的方寸之间融进万千气象，印工们精湛的技艺、杰出的构思创造性地发展了印章的艺术形式。例如朱白相间印，利用感官错觉，造成比重均衡、浑然一体的视觉效果；回文印的独特章法，四灵印文字的端庄与吉祥物的生动活泼对映成趣，等等。汉私印丰富多彩的形式，也体现了汉代宽松的社会氛围和民间雅致成风的社会风气。

印玺制度的前世今生

纵观历史，历代的公务文书皆有一套自己的用印制度，它们之间既有相同之处，又各具特色，呈现出鲜明的时代特征。魏晋南北朝时期，纸张开始广泛使用，官府文书都改用纸帛，而且用朱红色直接钤印于纸上，这是用印制度的一大变革。唐朝对公文制度进行了进一步的完备，对用印制度也有了更加严格的规定，例如“一文一印”——一件公文如有两页以上的公文纸，则要在首尾纸缝间盖“骑缝印”，保证了每页公文的权威性与有效性。在前代，天子之印称为“玺”，武则天由于恶“玺”字，将其改为“宝”。及至宋朝，公文用印制度又有了新的变化。宋代规定：首先，明令禁止用官印加盖私文书；其次，用印必须严格登记，并以文书中文字、印章的墨、朱先后而辨真伪，还规定“诸官文书皆印年月日及印封”，这种加盖弥缝章的做法，是针对公务文书被私拆的行为。元代用于文书的印章有两种，一种是官印，一种是在文书上签押的刻名印，是现代手印、签名章的前身。

中国古代公文的用印制度是封建社会中央集权制度下的产物，它一方面保障了中央对地方的管理与控制，另一方面将国家行政文书工作推进得有条不紊，促进了国家的大一统。从研究官制的角度看，由于印玺与官制间密切对应的联系，使得印玺文物的出土也是对官制研究史料的极大补充，为研究官制提供了线索和证据。现今社会仍保留了古代印玺制度许多合理的部分，例如单位专用的公章、骑缝章、个人姓名的印章，都在千年之后为人们的生活提供着秩序和便利。

045 西汉高超的丝织技术

素纱禪衣

年　代：西汉，公元前 206—8 年
尺　寸：衣长 132 厘米，通袖长 181.5 厘米
材　质：纱料
出土地：1972 年湖南省长沙市马王堆汉墓一号墓出土
收藏地：湖南省博物馆

【引言】唐代大诗人白居易曾在一首诗中这样写道："应似天台山上明月前，四十五尺瀑布泉，中有文章又奇绝，地铺白烟花簇霜。"是什么东西这样绝美？像那天台山上、明月之前，流下的四十五尺的瀑布清泉，织在上面

的图案美得令人叫绝，底上铺了一层白烟，花儿攒成一丛白雪。这首诗描写的是“缭绫”，缭绫是古代一种精美的丝织品。诗中的描写或许运用了夸张的修辞，但就在40年前，考古学家在现实生活中找到了真实的例证——素纱禅衣。

惊艳面世

素纱禅衣于1972年在湖南省长沙市马王堆汉墓一号墓发掘出土，是西汉时期的丝织品，原产地为西汉时期襄邑县。用“薄如蝉翼”“轻若烟雾”形容它一点都不过分，素纱禅衣由上衣和下裳两部分构成，衣长132厘米，通袖长181.5厘米，但重量仅有49克，也就是不到一两。这样的一件禅衣在出土时交领、右衽、直裾，是属于一号墓的主人——辛追的。辛追是西汉初年长沙国丞相利苍的妻子。长沙国，西汉时期湖南历史上出现了第一个诸侯封国。当时西汉地方上实行郡国并行制，长沙国辖境是承袭了秦代长沙郡辖境，后将秦长沙郡治所“湘县”改名“临湘县”，作为国都。长沙国自建立以来与西汉王朝的命运相始终，存在了209年，经历了吴氏长沙国时期和刘氏长沙国时期。利苍丞相和妻子辛追就生活在吴氏长沙国时期。

素纱禅衣在出土后很快被选入国家一级文物，它是世界上最轻的素纱禅衣，如果除去袖口和领口较重的边缘，重量只有25克左右，折叠后可以放入火柴盒中，透光率高达75%左右。它是西汉纱织水平的代表作，更是西汉陈留郡及长沙国文化的骄傲。它还是世界上出土文物中最早的印花织物，至今已超过2100多年。更让人惊奇的是，禅衣主人被发现之时，仍然形体完整，全身润泽，皮肤覆盖完整，毛发尚在，指、趾纹路清晰，肌肉尚有弹性，部分关节可以活动，几乎与新鲜尸体相似，是世界上保存最好的湿尸。素纱禅衣能够集如此众多之最于一身，根本原因在于其高超的工艺。它的制作材料是纱——中国古代出现最早的一种丝绸。纱是由单经单纬丝交织而成的一种方孔平纹织物，其经密度一般每厘米为58根至64根，纬密度每厘米为40根至50根纱。上乘的纱料，以蚕丝纤度匀细见长。素纱襌衣每平方米纱料仅重15.4克，并非因其织物的孔眼大，空隙多，而是纱料的旦数小，丝纤度细。旦数，每九千米长的单丝重一克，就是一旦，这是丝织学上对织物的蚕丝纤度的一个专用计量单位，旦数越小，则丝纤度越细。经测定，素纱襌衣的蚕丝纤度只有10.2～11.3旦，而现在生产的高级丝织物，例如四眠蚕，其纤度足有14旦，足见汉代缫纺蚕丝技术的高超。它可以说代表了西汉初养蚕、缫丝、织造工艺的最高水平。

国宝劫难

很多人，尤其湖南的民众，都应该知道素纱襌衣出土时实际为两件，一件为48克，一件为49克。49克的这件，就是现在被录入湖南省博物馆“镇馆之宝”的素纱襌衣，而48克的那件，出土面世了11年，还是没有保留下来，已经灰飞烟灭了。令人扼腕叹息的是，这并不是不可抗的天灾所致，而是一场人祸。

1983年秋天的一个深夜，17岁的青年许反帝，偷偷潜入湖南省博物馆，盗走了马王堆汉墓出土的珍贵文物31件。第二日上午8点多，湖南省博物馆解说员打开陈列厅大门时发现文物被盗。据《人民公安》杂志记载，公安机关查明，犯罪嫌疑人潜入该馆，在现场附近搬来了一把竹梯，爬上陈列厅北面西头通风窗户，击破窗户玻璃，爬窗入室。入室后，击破了六个陈列柜的玻璃，打开了一个陈列柜的封板。经清理，该厅陈列的312件文物中，被盗走珍贵文物31件，复制品3件，线装书4本，其中包括素纱襌衣这一文物珍宝。许反帝被抓获后，他的妈妈为了掩盖儿子的罪行，烧毁了4件文物，将3件丢进厕所，其中就包括48克的那件素纱襌衣，49克的那件被追回。1984年5月7日，长沙市中级人民法院对许反帝案进行公开审理，许反帝犯有重大盗窃罪和暴力抢劫罪，被依法判处死刑，因未满18岁缓期两年执行。其母许瑞凤因犯包庇罪、窝藏罪、破坏珍贵文物罪，被依法判处有期徒刑15年，剥夺政治权利4年。1992年许瑞凤首先获得假释，1994年，许反帝也因为有立功表现被假释。但他们给国家造成的损失是不可逆的、无法弥补的。

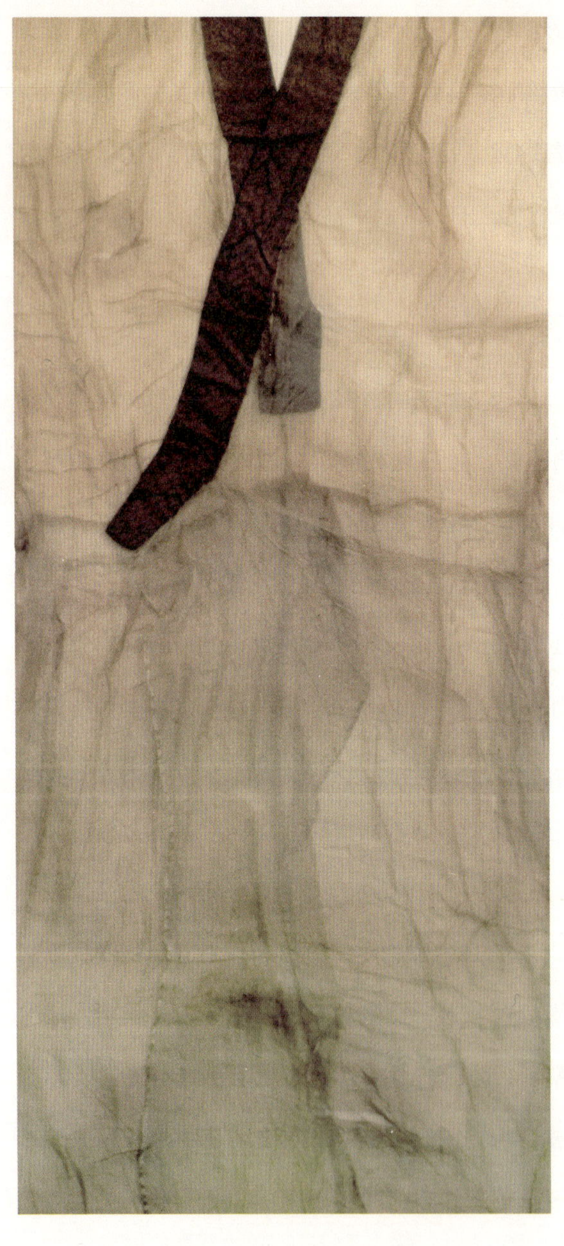

在这之后，为了不使劫后余生的这一件稀世珍品失传，南京市云锦研究所的研制人员扛起了研究素纱襌衣的重任，他们开始研究织造工艺，进行文物的复制工作。他们花了整整二十年时间，制作出了一件素纱襌衣，无论外观、色彩、尺寸、手感、质感都和原物一模一样，但就是比原物重了0.5克。这件复原品，就是今天人们能在湖南省博物馆中参观到的素纱襌衣，虽然有0.5克的差别，但人们仍然能从中感受到来自千年前的丝织传奇，也仍然痛心于盗窃案导致的国宝被毁。

素纱襌衣局部

走向世界

素纱禪衣的出现证明了中国早在汉代，纺织技术就已经达到了很高的水平，汉代纺织业的高超之处就在于，简单的材料和复杂的工艺。汉代丝织品主要原料为麻和丝，成品品种很多，总称为缯帛。根据制作原料及染织技法的不同，又分为锦、绫、绮、罗、縠、纱、缣、缟、纨、绢等名目，如锦为多层织纹、纨为素缯、绮为文缯等。汉代丝织花纹可分为云气纹、动物纹、花卉纹、几何纹、茱萸纹等种类。从织造方法来说，平纹、斜纹和罗纹是汉代的主要丝织工艺。

在汉代，丝织品已经使用提花机制作，能在丝织品上织出各种精美的花纹，同时，染色技术也十分的发达，能使丝织品产生万紫千红的颜色。除了介绍的素纱禪衣外，汉代还有许许多多绚丽的丝织品，比如耳杯型菱纹花罗、对鸟花卉纹绮、凸花锦和绒圈锦等高级提花丝织品，还有印花敷彩纱和泥金银印花纱等珍贵的印花丝织品。

在汉代，丝绸还是权力和地位的象征。例如海昏侯墓，在墓中，考古学家们发现了至少十余种汉代纺织品，在海昏侯墓出土的《筑墓赋》中记载："长绘锦周塘中兮，悬璧饰庐堂。"据史学家王金中的推测，这篇赋所记载的，便是刘贺墓的修筑，而其中所提到的"长绘锦周"，说的就是锦绸，在汉代是一种经线起花的彩色提花织物，由于其生产工艺要求很高，制造难度很大，因此价格贵重如金，是权力和地位极高之人才能穿得起的，最早丝绸织品是只有帝王才能使用。

古代希腊人和罗马人称中国为丝国，和瓷器一样，丝绸是中国的另一个代名词。《山海经·海外北经》有记载："欧丝之野在反踵东，一女子跪据树欧（呕）丝。"郭璞注："言噉桑而吐丝，盖蚕类也。"唐代诗人杜甫的《白丝行》有写："缫丝须长不须白，越罗蜀锦金粟尺。象床玉手乱殷红，万草千花动凝碧。已悲素质随时染，裂下鸣机色相射。美人细意熨帖平，裁缝灭尽针线迹。"都说明中国的丝织技术处在世界的领先地位。

丝绸织品技术曾被中国垄断数百年，由于其编制技术在当时是一种复杂的工艺，其特有的手感和光泽备受人们的关注。自西汉中国开始向外输出蚕丝和丝织品，中国丝绸种类多、绣工巧、织造技术高超，图案花纹精美，以优良的品质赢得了世界认可，在世界上一直享有盛誉。当时中国采取重农抑商的经济政策，商人生意不好做，丝绸成为中国商人对外贸易中一项必不可少的高级物品，是对外贸易的重要物资。

046 来自西域的天马形象

鎏金铜马

国家宝藏

年　代：西汉，公元前206—8年

尺　寸：通高62厘米，长76厘米

材　质：青铜

出土地：1981年陕西省兴平市茂陵一号无名冢一号随葬坑出土

收藏地：陕西历史博物馆

【引言】“马”在冷兵器时代占据重要地位。中国的马文化从秦始皇陵兵马俑中就可见一斑。西汉武帝开疆拓土，求取大宛马。为纪念得到大宛马，武帝特意命人制成鎏金铜马，可惜铜马后来全都不见，直到鎏金铜马在当代的出土，才让现代人有机会窥探到西汉时期的雄兵壮马。

鎏金铜马的出土

鎏金铜马是汉武帝赏赐给他的姐姐阳信长公主的物品，在阳信长公主过世时，鎏金铜马也作为她的陪葬品随她长埋地下，直到两千多年后被重新发现。

那是1981年5月，当时有几百位正在搞农村基本建设的陕西省咸阳市豆马村的农民正在努力工作。为了让每个人的力量都得到最大限度的发挥，并利于管理者对村民进行管理，农村基层建设的组织者就把正在干活的村民分成了很多个劳动小组。其中有6个男生被分到专门负责挖土的一组。烈日炎炎，他们干活干得汗流浃背，这时候正在挖土的一个男生再次挥下锄头。锄头好像打到了什么东西。那个男生把泥土扒开看了一眼，原来锄头碰到的是一件古代的文物。男生感觉十分惊讶。原来，这里的土层下面是一个墓葬，其中埋藏着很多文物。知道文物的重要性和事情的严重性，男生立刻就将在土地里发现了文物的情况汇报到当地的文物管理部门。了解情况后，考古人员以最快的速度来到了文物发掘现场。

豆马村的位置很是特殊。豆马村位于汉武帝的墓葬——茂陵附近。茂陵作为汉代一大墓葬区，其周围分散分布了好多汉朝时期王公贵族们的墓葬。而鎏金铜马出土的墓葬属于茂陵一号无名冢一号。

茂陵一号无名冢一号的封土堆是茂陵墓葬区里最大的。其中封土堆的南北长95米、东西宽64米、高22米。因为封土堆堆成的山丘形状和羊头的形状很像，南面又高又大像羊头的后部，北面又矮又小像羊头的前部。因此，当地的村民戏称这个封土堆叫“羊头冢”。那个被男生锄头碰到的文物就属于一号坑。其中的随葬品主要分布在墓葬的东面和西面，数量最多的是铜器，同时还有铁器、漆器、铅器等器具，既有丧葬用品也有生活中的实用用具。在大约4平方米的一号坑里出土了超过200件文物。其中最引人瞩目的就属鎏金铜马了。鎏金铜马通高62厘米、长76厘米、重达25.55千克，在中国过去的考古发现中，这样贵重且美丽的铜马还是第一次被人发现。从一号坑里出土了这样多的文物，其中不乏鎏金铜马这样的精品，大概可以猜测到这茂陵一号无名冢一号的墓主应该皇亲国戚或者达官贵人。同时，因为在茂陵一号无名冢一号的大量出土文物上面刻有“阳信”二字，所以专家推断，“羊头冢”的主人应当是西汉时期封号中带有“阳信”二字的人，根据史料记载和推断，墓冢的主人应该是汉景帝的女儿阳信公主，汉武帝即位后，作为汉武帝姐姐的她也被称为阳信长公主。

另外，她因为嫁给了平阳侯曹寿，于是也被称为平阳公主。阳信长公主在嫁给曹寿后不久，曹寿就不幸暴病而亡。失去了丈夫的阳信长公主不久又嫁给了汝阴侯夏侯颇，但是这段婚姻也并不长久，夏侯颇后来因为触犯了法律，畏罪自杀。阳信长公主失去了她的第二个丈夫。夏侯颇因犯罪自杀后不久，汉武帝就想为他的姐姐阳信长公主再介绍一个丈夫，正巧大将军卫青当时没有妻子。经过汉武帝和当朝大臣们的撮合，阳信长公主再度嫁人，这一次是大将军卫青。

其实阳信长公主和卫青很早就已经认识了。卫青的姐姐卫子夫在没有被汉武帝临幸之前就作为歌女在阳信长公主和平阳侯曹寿的府邸里侍奉。而卫青当时也是阳信长公主府里的一个仆人。在阳信长公主出行的时候，卫青也常常跟随在她身边。后来，因为姐姐卫子夫的得宠，卫青有机会作为汉代军人的一员去抗击匈奴，并且他在与匈奴的战争中立下战功。回朝后，卫青迎娶了阳信长公主。他们的婚姻持续大约十年，直到卫青病逝。卫青死后，阳信长公主也没有再改嫁，并且在她死后，与卫青合葬于茂陵陪葬墓中。鎏金铜马也作为汉武帝送给姐姐的礼物，随墓主人一起被深埋地下。

鎏金铜马的价值

鎏金铜马体型较大，呈站立形态，昂首挺胸很是精神。铜马的两只耳朵高高立起，两只耳朵中间有雕刻的鬃毛，脖子上的鬃毛更是栩栩如生。铜马的嘴微微张着，能够十分清晰地看到马嘴里有6颗牙齿，铸造得十分精致。马尾巴根根耸立，呈半圆形向下垂着。鎏金铜马的马尾和它的生殖器是另外通过铸造铆接或者是焊接的，但是因为后来铜马的表面又再进行了鎏金工艺，因此我们并不能看到它的浇口在哪。铜马的肛门处有一个小小的洞口。通过洞口，我们能看到马的身子中间是空的。铜马外部整体都是鎏金工艺，表面很是光滑，鎏金十分匀称。铜马看上去金光闪闪，俊朗的外形、圆润的身体、强健的四肢表明，鎏金铜马应该是用来乘坐的马。尤其铜马两只耳朵和两只耳朵中间雕刻的鬃毛还保留着秦朝兵马俑的一些风格，因此也有人认为鎏金铜马是西汉时期战马的标志形态。

鎏金铜马作为一种艺术形式，首先出现于西汉武帝时期。在那之后一直到唐朝末年的大约一千年的时间里，马俑的形式大概和鎏金铜马差不多。有专家学者考证过，鎏金铜马的原型有可能是西汉引进大宛的“天马”。西汉时期，中国已经引进了大宛马种（当时称为“天马”）。此马种的马引进对中国后来的军事、经济发展起到了关键作用。西汉以后，中国引进异域的良马就成为传统。尤其是隋唐时期，从异域引进良马的风俗很是流行，更有“既杂胡种，马乃益壮”的说法。鎏金铜马的铸造，是中国畜牧史上引进西域良马种这一具有重要意义的历史事件的见证。

鎏金铜马在铸造手法上有很高的艺术成就。其铸造是经过汉代的设计师和匠人长期对马匹进行细致入微的观察，在掌握了马匹的身体形态之后再进行的加工和创作。工匠和设计师利用已有的知识和长期积累的经验逐渐创造出铜马健壮的感觉。

鎏金铜马对于研究西汉时期尤其是汉武帝时期的马文化具有很重要的价值。西汉铸造铜马之风颇为盛行，其中一个重要原因就是作为相马时的参考标准使用的马式。《汉书·李广利传》有以下记载：“天子既好宛马，闻之甘心，使壮士车令等持千金及金马以请宛王贰师城善马。”此处的“金马”即为专门鉴定大宛马的马式。张衡《东京赋》有“天马半汉”的诗句，注曰：“天马，铜马也。……明帝至长安迎取飞廉并铜马，置上西门平乐观也。”说明这样的铜马到了东汉时期依然很受重视。之所以断定茂陵鎏金铜马是铜马式，还能从以下信息得到证明。马王堆汉墓出土的帛书《相马经》中说：“马头欲得高峻如削成，又欲得方而重，宜少肉、如剥兔头。”鎏金铜马的头部棱角分明、清秀高峻，确如剥掉皮的兔头。再看五官，《相马经》记载“目为丞相，欲得明”“又欲得满而泽、大而光”，耳“欲得小而锐，状如削竹”，“鼻大，则肺大，则能奔”。而鎏金铜马的五官特征的确如此。此类相应内容甚多，可见鎏金铜马的铸造与当时流行的相马术有一定的关系。

总之，鎏金铜马在一定程度上也反映出西汉时期中国文化兼容并包、开放多元的特点，体现了西汉的时代精神。汉代的艺术形式，不仅仅局限于本土，而是面向丝绸之路、面向全世界。鎏金铜马这一艺术形式充分体现出汉代能够将各个民族、各个文化的精髓进行交融并收为己用。鎏金铜马是西汉时期创新、蓬勃的时代的产物，是丝绸之路经济、文化交流的一个见证。

047 古滇国的社会风貌

诅盟场面青铜贮贝器

年　代：西汉，公元前 206—8 年
尺　寸：通高 51 厘米，盖径 32 厘米，底径 29.7 厘米
材　质：青铜
出土地：1955—1960 年云南省昆明市晋宁区石寨山出土
收藏地：中国国家博物馆

【引言】两千年以前，中国的西南部，有一个与当时的西汉王朝同时存在的神秘王国。这个王国叫作滇，它非常富裕而独特，具有辉煌而发达的青铜文化。然而，不久之后，这个有着五百年历史的神秘滇国和它的臣民竟然在历史中突然消失了。它为何突然出现又突然消失？当时究竟发生了什么？它究竟到哪里去了？两千年后，持续了五十年的考古发现才慢慢揭开了通往这个神秘世界的密码。

神秘的古滇国

滇国是中国历史上一个突然出现又突然消失的古老文明，除了《史记》寥寥数百字的记载以外，西汉以后的历史，并没有留下任何关于滇国的痕迹，这个曾经非常辉煌的王国在消失之后便陷入了长久的静默。

云南澄江抚仙湖是中国第一深水湖，它的平均深度达80米，最深处可达155米，而更为罕见的是，湖水的清澈让这里成为潜水探险家的天堂。在一次偶然的潜水经历中，耿卫发现了一个惊天的秘密，这是一座神秘的水下古城，它的规模十分庞大。耿卫先后数十次潜入湖底，每一次都宛若到了一个新的地方，却始终找不到古城的边际所在。这究竟是怎样的一座城市？究竟为什么会沉入湖底？在幽深的抚仙湖底究竟隐藏着怎样的一段传奇故事呢？2001年到2007年，考古学家对这个水下古城进行了四次大规模的水下考古。经探测，这座庞大的水下古城达到了2.4平方千米，规模不逊于一个普通的县城。澄江的历史上，有史可查的城市有三个，其中最早的一个叫作俞元古城，另一个在澄江附近的古国就是滇国。俞元是汉代益州郡下辖的一个县，史书记载其位置，就在今天的抚仙湖沿岸，但是俞元在唐代的史书中还有记载，显然不可能在两千年前就沉入水底，那么这座神秘的水下古城就正是那个遥远的古滇国。

公元前279年，这个隐藏在西南的神秘古国被中原王朝意外地发现，并被记录在了历史文献中，司马迁的《史记·西南夷列传》为我们重现了这段历史。两千年来，人们据此一直认为滇国是楚人庄蹻所建。历史果真如此吗？

两千多年前，当时的中原正处在战国天下大乱的时候，秦国为了统一天下，一方面向东攻打韩、赵、魏、齐这些国家，一方面往南攻打楚国。就在楚国面对秦强大的进攻和夹击时，楚庄王的后裔、楚国的年轻将领庄蹻提出向西南拓展疆域的建议，既可增强国力，又可向各部族首领借兵，一起对抗强秦。而此时西南滇池区域内的人们，远离战火，正过着安宁稳定的部落生活，古滇国就是如此。庄蹻利用珍贵的丝绸礼物拉近了与滇王的距离，获得了滇王的信任。滇王，也就是滇国的首领，拒绝了庄蹻的请兵请求，就在庄蹻一筹莫展之时，远方传来了楚国被秦所灭的消息，并且秦国已经占据了黔中和齐鲁，庄蹻试图依托滇国的力量重整军队、杀回楚国的愿望彻底变成了泡影，他没有了回家的后路，他也无家可回。最终，庄蹻变服从其俗，带领着他的两万弟兄们，臣服于滇国，成为滇国人。后庄蹻与滇国公主成亲，成为滇王的女婿，在滇王死后，庄蹻成为下一位滇王，并且用自己的方式开始管理滇国：在东边的曲靖布下重兵，防秦进攻；在西边进军楚雄，扩大滇国地盘。其势力北抵东川，南达蒙自，并开始结交滇东南的越人，自己则在滇池东岸，建都立国，据中心观望八方，以静制动，让滇国成为远离中原帝王统治的富裕王国，他也成为正式载入史册的一代滇王。据文献记载和考古发现，滇国在云南历史上大约存在了500年，出现于战国初期而消失于西汉初年。公元前109年，汉武帝出兵征讨云南，滇王拱手降汉。它的存在是中国古代少数民族和边疆文化的一大代表。

奇特的社会风俗

古滇国出土的数万件青铜器物中，有一种被考古学者命名为“贮贝器”的青铜器最为引人注目。在这种青铜器的盖子上，都铸有一些神态各异的人物，每一组人物所构成的生活场景，就如同滇国社会生活某一凝固的瞬间。这种铸有大量写实人物的青铜器在中国考古史上还是第一次被发现，就像中原的史书一样，汉代写在竹简上，滇国就铸在青铜器上，实际上是他们国家大事的一种记载，它的史料。

“诅盟场面青铜贮贝器”是其中之一，它记录的场景是这样的——在滇人用于祭祀的建筑中，有127人，坐在祭祀台里接受人们祭拜的是滇国的首席女巫，女巫手拿鸡卜卦口中念着神秘的咒语，一次活人祭祀仪式即将在这里进行，旁边人头攒动的就是滇人重要的祭祀广场。祭祀广场是滇人政治、宗教、军事和集市交易活动的中心，滇人重大的农业和战争祭祀都在这里举行。1956年出土于晋宁石寨山的贮贝器盖子上，滇人用青铜记载了在这个祭祀广场上举行的一次杀人祭祀场面。贮贝器上镌刻铸立了鲜活的滇人形象，还有栩栩如生的动物，犹如一部浓缩的滇人社会民俗影像，被称为“滇国的《清明上河图》”。广场中央矗立着巨大的祭祀柱，祭祀柱上盘绕着两条巨大的蟒蛇，顶上坐卧着虎状的怪兽，他们的信仰与他们的文化一样古老。最令人震惊的是，祭祀建筑后面放着的两面巨大的铜鼓。神圣的铜鼓，曾经是滇国最神圣的祭祀用品，铜鼓整齐地摆放在祭祀台的四周。考古学家按照人物的比例关系，复原了当时宏大的场面，这种巨大的铜鼓，如果没有相当的铸造技术和工艺以及滇国储备的铜锡资源是不可能铸造完成的。如果滇国文物的描述和记载是正确的话，那么这将是迄今为止，世界上发现的最大铜鼓。两面巨大铜鼓的前面放着用巨石做成的猎头柱，柱子上面的人就是即将献给神灵的祭品。其实广场就犹如一个热闹的集市，每当有重大祭祀仪式的时候，祭祀广场就变成了滇国最大的商品流通集市，人们会从四面八方载着需要交易的物品，聚集在这里。两千年前滇国就是南方丝绸之路的一个贸易中心，远至大夏（在今天的南亚、西亚地区）。此件青铜器上，人物发型服饰都非常不同，有的高鼻深目，有的蓄有长须，有的耳带大环，有的头顶箩筐，有的牵着牛马携着货物赶往祭祀广场。

《华阳国志·南中志》中有记载滇人“其俗征巫鬼，好诅盟，……官常以盟诅要之”。凡有大事，滇人必要设立祭坛，供奉祭品，举行盛大典礼。“诅盟”一词本身，是誓约或歃血结盟之意，这种盟誓仪式，代表了滇人对神灵的信仰和他们盛大的仪式感。

古滇国是一个多民族的国度，在滇国的统辖范围内，可以看到身着不同服饰的人群有数十种之多，专家们根据历史记载和人类学家的田野工作来判断他们不同的族属关系。滇国主体民族的标准着装有器物上的男巫师、女巫、滇国土著仆人、被称为昆明人的羌人等的服饰打扮。滇国还有很多被俘获的人在这里给滇国人做奴隶，比如当时的三苗人等。通过不同的服装，人们发现了滇人的不同职业，由此专家们认为滇国已经有精细的社会分工。古典的服饰非常丰富，经过复原后的服装和饰品更显示出它们的华丽纷呈，这都是滇国人埋藏于地下留给后人的不可多得的文化财富。贮贝器上铸有身着奇异服饰的具有超群法力的男祭司在舞蹈，这是滇人信仰的一部分，是一种祭祀仪式，也是一种带有宗教意味的舞蹈。通过他们的动作，我们依稀看见了滇人舞蹈的古老和神秘。另一个贮贝器的顶盖记录了一个佩剑武士骑马狩猎的场景，这证明滇人有着狩猎传统。因为狩猎是滇人获取食物的一个重要来源，因此上至滇王下至普通的百姓，滇人对狩猎的喜好远远超出了我们的想象。

同时期的中原社会

滇国的社会风貌极具少数民族风情，滇国虽然地处边疆，但从文物中不难看出，那也是一个繁荣而富裕的社会。

从历史上看，中国是世界上较早进入青铜时代的国家之一，早在3000多年前，中国就已昂首跨入了青铜文明。不但如此，中国青铜器的发展历史之久，在

诅盟场面青铜贮贝器局部

世界上也是罕见的。汉代青铜器的特殊性主要体现在独特的设计思想和特征上，其具有卓越的科学功能，对当今设计有很大的启示作用。汉代青铜器很多都是素纹，大部分还是铸造的，也有的花纹、铭文是用錾子雕刻的，比如汉代的鎏金杯子、奁、盒、碗等用具上的花纹，多是雕刻的。汉代以后至唐代的铜器，铸造的花纹很多，其中有打料的铜、金、银器，并且也有了大、小焊的技术。贮贝器的发现也体现了西汉货币的一个发展状况，西汉时期主要流通货币有两种，半两钱和五铢钱。关于西汉货币的铸币量，史书有明确记载，汉武帝铸造三官五铢后，每年的铸钱量都很大，从武帝元狩五年至平帝元始五年的123年间，国家共铸钱280亿枚，西汉《新论》中记载当时国库与皇室年收入竟达123亿钱。如此大的铸币量是得益于西汉时期普遍使用的全新范铸方法——叠范法。叠范法是中国古代冶炼史上的伟大发明，以往的范铸钱币都是用陶、石、铁等材质作钱范，一范只有一层，内有钱币型腔与铜液的流道。叠范则是将原先的钱范上上下下叠放在一起，形成一个高起的台状范，从顶部浇口浇入铜液，铜液就会由上到下依次流入不同层叠的型腔中，从而达到一次浇铸后铸造钱币的数量是原来的好几倍，大大提高了西汉铸钱的效率。

考古争论

对于滇国社会风貌的复原，考古界一直存在多种说法和争议，毕竟到目前为止，只有司马迁的《史记》对此进行了文字记载，但这唯一的记载却和出土的文物有很多相悖之处。

在两千年前，中原人对遥远边地的这些被称为蛮夷之地的接纳，并不是一件容易的事，如果司马迁对于庄蹻王滇的记载是真实的话，这将是中国史籍中中原汉人与西南地区少数民族完全融合的首次记录。庄蹻顺应了滇国的习俗，“被迎娶到”滇国，因为滇国保留着母系社会的习俗。可是在后来的考古发现中，出现了两个疑点：庄蹻为一代滇王，那么后来的历代滇王都应是他的后人，庄蹻还是楚人，他的后人也应有楚人的血脉和对楚人及中原的认识，怎么能在汉武帝时期对汉朝的使者问出“汉孰与我大”的问题呢？庄蹻领导的滇国，为何兵器出土中未发现任何楚制的兵器呢？对此，学者的观点主要有以下三种：第一，云南的青铜文化，是和楚国将军庄蹻有密切的联系，但是从现在考古发掘的结果来说，是不是有庄蹻这样一个将军来到了云南，还没有明确的证据，这是质疑《史记》的一个观点。第二，庄蹻到达的地点，不一定是滇池地区，因为司马迁可能把西南地区的各种小盆地，与滇发音相似的名称搞混了，这是质疑《史记》的另一个观点。第三，司马迁已经记载了“滇王之印”，而且滇王之印已经出土，这说明司马迁记载的庄蹻入滇的故事是真的，这是认同《史记》的观点。随着考古工作的进一步推进，问题的答案也许会逐渐清晰，目前为止，可以肯定的是，人们还找不到证据证明司马迁的记载有明确错误，庄蹻来到滇国之前已经有了滇国文化。

诅盟场面青铜贮贝器是滇国人文历史和自然历史的缩影，它让人们有可能直接窥见遥远而古老的年代里滇人的社会风俗，同时它的发掘，也从另一个侧面完善了西汉历史的研究资料，这也是对中华民族史研究资料的完善。

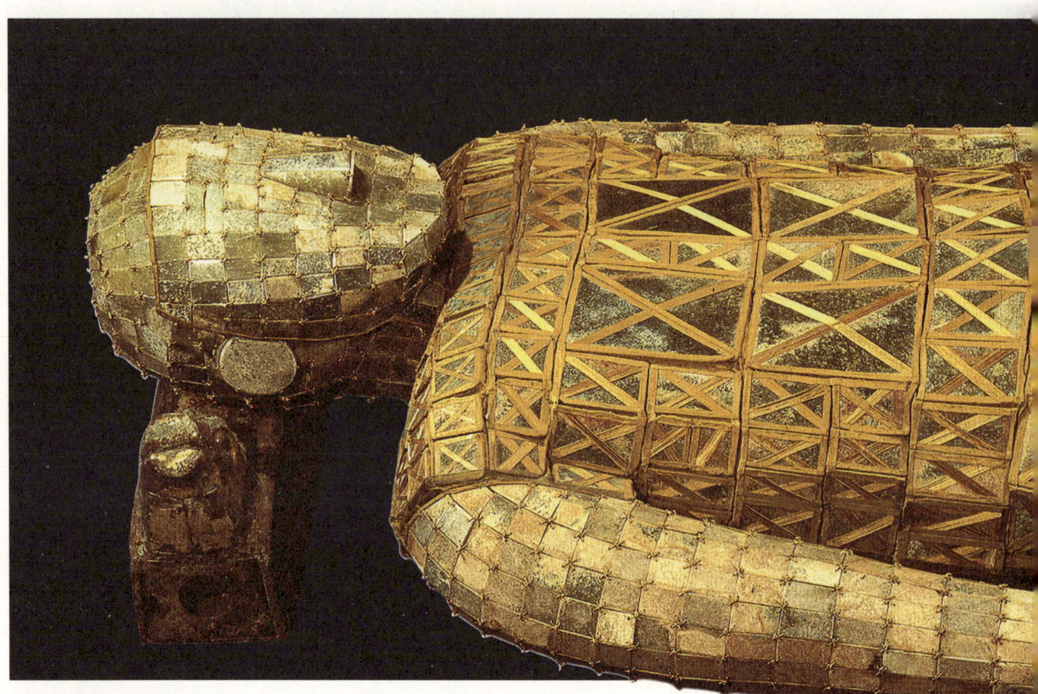

048 汉代王侯的丧葬

金缕玉衣

年　代：西汉，公元前 206—8 年
尺寸：约长 180 厘米
材质：玉片
出土地：1968 年河北省满城县西汉中山靖王刘胜墓出土
收藏地：河北博物院

【引言】"金缕玉衣，缀玉面幕，山岳精英，封其九窍，尸骨可同玉柙不腐。"如若单作为一件陪葬品来看，它是一件价值连城的宝物。但若将它置于漫漫历史长河，它又是汉代王侯丧葬习俗演变的载体。让我们重返汉代，探秘古墓，揭开金缕玉衣的神秘面纱。

千丝万缕制玉柙

《三国演义》第一回在介绍刘备时写道：“中山靖王刘胜之后，汉景帝阁下玄孙，姓刘，名备，字玄德。昔刘胜之子刘贞，汉武时封涿鹿亭侯，后坐酎金失侯，因此遗这一枝在涿县。玄德祖刘雄，父刘弘。”中山靖王何许人也？刘胜乃汉景帝刘启之子，汉武帝刘彻异母兄，西汉诸侯王。在政治舞台上刘胜或许并没有留下什么功名，只庸人一个。但他墓中的一件陪葬品却让世人至今记住了他的名字，那件陪葬品便是金缕玉衣。

刘胜墓中出土的金缕玉衣全长1.88米，共用玉片约2498片，金丝约1100克。玉衣的外观和男子体型一样，宽肩阔胸，腹部突鼓，四肢粗壮。腹下有男性生殖器罩盒，头部有高高隆起的鼻子，三个狭窄的缝隙代表双眼和嘴。玉衣分为头部、上衣、袖筒、裤筒、手套和鞋六个部分，每一部分都可以彼此分离，犹如制衣工人裁剪缝制的一件衣服。其中头部由脸盖和头罩构成，上衣由前片、后片构成，袖筒、裤筒、手套和鞋都是左右分开的。所用玉片大部分呈长方形和方形，也有梯形、三角形、四边形和多边形。最大的玉片长4.5厘米，宽3.5厘米，用在脚底。最小的玉片只有成人拇指盖大小，用来表现手指。与金缕玉衣相伴的还有鎏金镶玉铜枕、玉九窍塞、玉握和18件殓尸用玉

金缕玉衣头部

璧，组成一套规格最高的汉代丧葬用玉。

由于金缕玉衣象征着帝王贵族的身份，有非常严格的制作工艺要求，汉代的统治者还设立了专门从事玉衣制作的“东园”。这里的工匠对大量的玉片进行选料、钻孔、抛光等十多道工序的加工，并把玉片按照人体不同的部分设计成不同的大小和形状，再用金线相连。在2000多年前的西汉时代，根据当时的生产水平，制作一套“金缕玉衣”是十分不易的。从遥远的地方运来玉料，经过一道道的工序把玉料加工成为数以千计的、有一定大小和形状的小玉片，每块玉片都需要磨光和钻孔，大小和形状必须经过严密的设计和细致的加工，编缀玉片还需要许多特制的金丝。由此可见，制成一套“金缕玉衣”所花费的人力和物力，是十分惊人的。制作一件中等型号的玉衣所需的费用几乎相当于当时一百户中等人家的家产总和。

这件玉衣的科学价值、历史价值和艺术价值更是不可估量。玉衣从玉片的锯片、钻孔、抛光、金丝的拔制及玉衣的整体编缀，都采用当时较为先进的制作工艺。锯片采用了“砂锯法”和具有较高效率的轮轴切割机械；钻孔采用“砂钻法”，有的小孔直径仅1毫米，足见其工艺之高超；抛光采用了“砂轮”和“布轮”等先进的打磨工具；金丝采用“抽拔”工艺制作而成，在加工过程中采用退火的热处理工艺，有的金丝横断面直径仅为0.08～0.14毫米，足见当时拔丝工艺水平之高；玉衣编缀根据不同部位采用交叉式、套联式、并联式和结联式等不同编缀方法，具有较强的科学性。玉衣是用金丝将玉片编缀而成。玉片为岫岩玉制作，存世相对稀少。玉衣虽然在江苏等地也有出土，但作为中国考古发掘中最早发现并保持如此完整的玉衣，并不多见。

等级森严论丧葬

自古以来，无论是在奴隶制的夏商周，抑或是实行封建专制的秦朝，中国的社会阶级划分一直都很严格。等到了汉朝，这一现象得到了进一步延续。汉朝的社会大致上分为四个阶层。

第一个阶层是权力的核心层。核心层的核心自然是皇帝，这是所有权力的来源。核心层的成员还有这么几种，功臣、王室、外戚、宦官、高级官僚，其中功臣、王室进入核心层只见到西汉前期，宦官进入权力核心，只见于东汉后期。

第二个阶层是权力的分享者和后备军。他们与第一级的区别，在于能否影响中央决策。他们主要有地方官吏、游侠、富商以及士阶层，还有掾史属吏。其中游侠、富商分享权力在西汉前期，而士阶层，主要是太学生分享权力，主要在东汉，特别是东汉后期。他们是社会的中坚力量，也是社会的稳定力量。

第三个阶层是基本没有权力，但还有人身自由者，包括农民、医生、方士、手工业者、小商贩、屠夫、街卒，也许还有一些虽读过书却不愿意做官的逸民高士。这是社会的中下层，同样是社会的稳定力量。士农工商，这个排列并不是没有意义的，士永远是第一位的，农则是名义上的第二位，工商最后。之所以农民是名义上的第二位，因为那只是法律的规定，法律规定农民比商人尊贵，农民可以做官，而商人不能。

第四个阶层包括雇农、佃农、门客、部曲、奴婢以及流民。他们不仅几乎没有向权力阶层上升的空间，而且他们没有自己的土地，也缺少财产，有的甚至

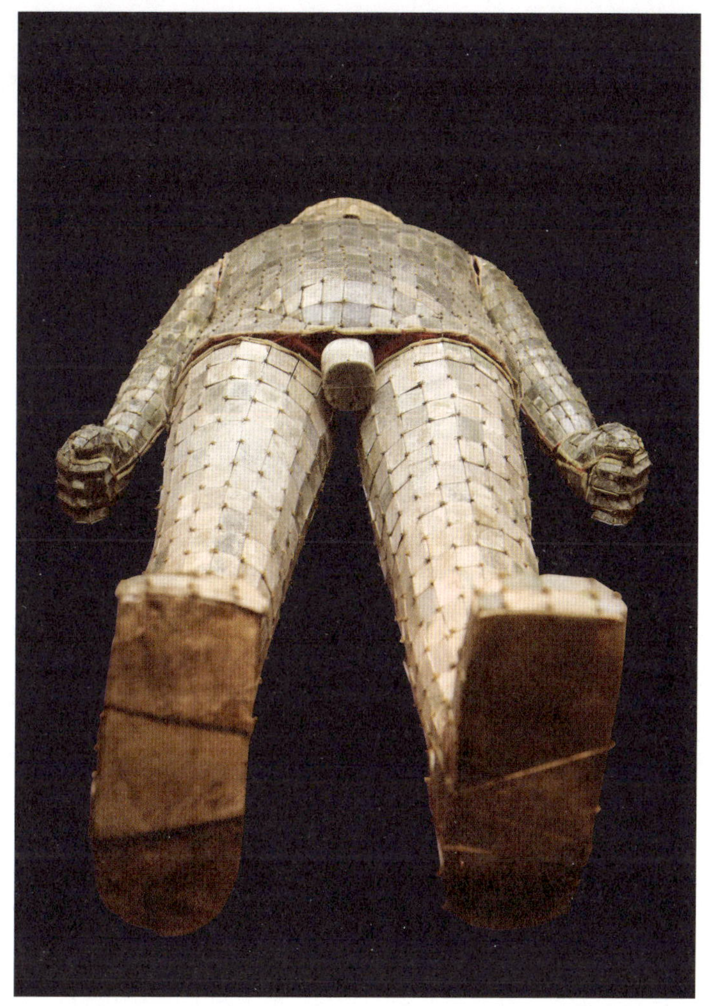

金缕玉衣足部

没有人身自由。

然而这些社会的等级性特征不仅表现在社会成员生前，在丧葬福利上也表现得十分突出。在丧假、赙赠、恤典赠官、荫子等方面，上至皇帝，下至平民，均需遵守一套严格的制度，例如“天子居丧三年”“皇子始封薨者，皆赙钱三千万，布三万匹；嗣王薨，赙钱千万、布万匹”“天子之椁四重，郑玄曰：尚深邃也。诸公三重，诸侯再重，大夫一重，士不重”。诸多丧葬制度被统治者以法律条文的形式固定下来，明确地体现了森严的封建等级秩序，以维护封建统治。

厚葬成风成奢侈

汉代人认为玉是“山岳精英”，将金玉置于人的九窍，人的精气便不会外泄，就能使尸骨不腐，可求来世再生，所以用于丧葬的玉器在汉玉中占有重要的地位。秦朝崇尚厚葬，作为一种风俗，它并没有因秦之灭亡而销声匿迹。它对于两汉的丧葬习俗，产生了十分重要的影响。当然，由秦至两汉的厚葬风，表面上看是统治阶级身体力行倡导的结果，其实这中间包含了丰富的经济、文化等方面的原因。

在经济上，由秦而汉，生产力水平大为提高。经济上的殷实，使得生活上的奢华成为可能。“事死如生”，因而导致厚葬之风在社会中迅速蔓延。时人在事死上极尽财力，不惜倾家荡产，墓葬中埋藏之丰富，做工之豪华，令人叹为观止。

石刻技艺至汉代已有很大发展。汉代富贵之家，在葬埋尸体之后，不仅要垒一大坟丘，而且还要在其前置上墓碑，碑上刻上墓主的身份、官职及生平经历等。富豪大家在死后，不仅要立碑以识，而且要设立墓园，内中立墓阙，立石人和动物石像，以此象征主人的富有和排场。史载西汉中期以前，夫妻合葬，因二人死的日期不相同，所以多采用异穴合葬的新礼俗。为了解决二人死期不同的矛盾，礼俗中出现了“厝”的概念。厝者，置也，停柩待葬之义。即将先死者停柩一侧，再待后死者一同安葬。此俗历经数千年的沿袭，至今民间仍有厝的葬义。厝的实质乃为长丧久葬，是厚葬之风的重要表现。

南阳汉代墓室大多由石、砖、砖石混合三种建筑材料建成，而在石、砖上都刻绘有画。在汉代贵族官僚的住宅、神庙和陵墓里的壁上都出现了绘画。南阳早期的汉墓多以建筑物为题材，画像多刻绘在墓门、主室门的主柱和门扉上，将现实生活中的建筑刻划入画面，以象征阳间住宅，南阳赵寨汉墓就只在墓门的主体和门扉上刻绘双阙和厅堂。同时也出现了伏羲、女娲画像，雕刻在主室两侧的主柱，这是人们对生殖的崇拜，希望在阴间也繁衍不断。

就随葬物品而言，已经体现出社会的富有和奢侈。南阳汉代墓葬随葬品的种类和数量很多，主要是吃和用的东西。随着时代的不同，随葬的物品也不断发生变化。从材料上看有金属类和陶器。从用途上讲有生活用品和钱粮武器等。

汉武帝以前，承接秦统，阴阳五行，神仙方术于芸芸众生中极为盛行。敬鬼事神，建功修德，以求神鬼的点化而获长生不死。因此鬼神观念，深入人心，上至一国之君，下至平民百姓，于其各自的内心深处，将宗祖崇拜与鬼神崇拜紧紧地凝结在一起，事死如生，甘愿竭尽财力去营造地下的生活环境。

049 汉代的节能环保灯

长信宫灯

年　代：西汉，公元前 206—8 年
尺　寸：高 48 厘米
材　质：青铜
出土地：1968 年河北省满城县西汉中山靖王刘胜妻窦绾墓出土
收藏地：河北博物院

【引言】回顾中华文明史，青铜时代为我们留下了无数宝贵的财富。从商周时期形象、用途较为单一的祭祀用品，到秦汉时期形制不一、用途多样的生活用品，青铜器在中华文明史中占据着重要的地位。而长信宫灯作为西汉青铜器中的珍品，凭借其实用与美观的高度统一，又在青铜器发展史上写下了浓墨重彩的一笔。

长信宫灯的发掘

前元三年（前154），汉景帝把儿子刘胜分封在今天的河北满城一带做国王，这一带是先秦中山国故地，刘胜的封国就是中山国，刘胜即中山靖王。他喜好酒色，整日吃喝玩乐。他和王后窦绾命令工匠营造了规模庞大的陵墓，他们去世后把大量的精美随葬品一起带进陵墓。他们的陵墓很隐蔽，两千多年过去了，没有人知道它的具体位置。

在原满城县县城城西一千米多的地方，有一个小村子，叫守陵村。据村里的老人说，他们的祖先早年就是为王侯守墓的。但是年代久远，村里的人早就不知道他们守的是谁的墓，墓地又在哪里。

1968年，解放军某部在陵山进行国防施工，在山顶用炸药炸开了一个口子，与以往不同的是，这一次并没有崩落多少石头。解放军将士们觉得非常奇怪，于是上前探查。突然走在最前面的一名战士双脚失去支撑，掉进了一个漆黑的山洞里。由此，沉睡千年的谜团得以解开。

在墓穴中，考古人员根据酒器上的文字记载推测墓主人为西汉中山王刘胜。他们还发现了金缕玉衣，但令人奇怪的是，金缕玉衣是被压扁的，考古人员怀疑里面并没有尸体，而且自商周以来，一直流行夫妻合葬，陵墓中有可能还存在第二个墓穴。考古进行了一月有余，在墓穴的北侧，考古人员又发现了一个由砖墙封起的洞口，还出土了一件铜印，印上有“窦绾”二字。无疑，这就是刘胜妻子的墓穴。在窦绾的墓穴中，也有许多珍稀文物，其中就包括举世闻名的长信宫灯。

最初，考古人员在2号墓的后室发现了一些散落的灯构件，经过仔细拼合复原，将之拼成一件精美的铜灯。这就是名震中外的西汉长信宫灯。长信宫灯整体制作为一个跪坐着、双手捧持灯盘的宫女形象。全灯分为头、身、左臂、灯座、灯盘等部分，可以任意拆卸。宫女身体中空，右手被制作成为一个排烟管道。她左手握着灯座，托起灯盘，右手提着灯罩，灯焰在圆形灯盘里燃烧，散发出的烟就通过右手排进宫女的体内，避免污染室内环境。灯盘还能够自如地旋转，两块挡光的瓦形罩板也能随意开合，这样就能任意调节灯光的照射角度和亮度。可见这座灯在科学上构思是十分巧妙的。

在艺术造型上，这座灯更为动人。宫女通体鎏金，体量合理。宫女身着汉代流行的曲裾深衣，领和袖口处层次分明，衣料贴身，衣纹历历可数，线条流畅。腿部有衣角伸出，既表现了衣服的修长曳地，又像是延伸的座子一般，加强了整件作品的稳定性。宫女梳髻覆帼，神态端庄。这些造型特点使长信宫灯给人以安详恬静的审美体验。

长信宫灯局部

宫灯上还刻有9处铭文，共64字。其中有6处刻有“阳信家”的字样。阳信家是西汉阳信侯刘揭的府邸，他被汉文帝封为侯，这件铜灯应该是他家制作的。但在景帝时刘揭被削除封爵，这件铜灯也被没收入长信宫，也因此在灯上留下了“长信尚浴”的铭文。长信宫是景帝的母亲窦太后居住的地方，刘胜是窦太后的孙子，这件铜灯可能是由窦太后赐予窦绾的，可见它在当时也是很珍贵的器物。刘胜夫妇死后，这件铜灯作为随葬品，放在窦绾的墓穴里。

全世界最早的节能环保灯

美国前国务卿基辛格博士曾经这样评价长信宫灯说：“你们中国人太了不起了，两千多年前就有了环保意识，长信宫灯可能是全世界最早的节能环保灯了。”长信宫灯的绝妙之处正在于它的环保理念，两千多年前的古人在实用工艺品的设计中就已经考虑到它的环保价值。

从灯罩上残留的少量蜡状遗留物来看，长信宫灯的燃料主要为动物脂肪。油脂在灯盘中会沿着灯芯慢慢燃烧，会产生一些未完全燃烧的炭粒，容易造成室内烟雾弥漫，污染环境。工匠们为了解决污染问题而研究改善的方法。据记载，汉代的青铜灯具中有一种釭灯，即带烟管的灯，简称为“釭”。导烟管还分单烟管和双烟管两种。釭灯上除了装导烟管，内部都为中空，用以储存清水。长信宫灯就是釭灯的一种。设计者巧妙地将宫女的身体组成部分作为烟

长信宫灯背部

管，一端连着中空的身体，另一端连着灯盖。当灯盘上的油脂被点燃后，烟尘就通过灯盖被吸入了导烟管，然后再溶于体内的清水中，达到了保持室内环境清洁的效果。

这是智慧的汉代工匠们的发明创造，在世界灯具史上也处于领先地位。在西方，直到15世纪才由著名的意大利科学家、工程师、艺术家达·芬奇发明了油灯的铁皮导烟罩，后来又至18世纪，玻璃罩代替了铁皮罩，才初步解决了油烟污染室内空气的问题。

此外，长信宫灯还有反射和聚光的功能，可以利用灯罩的开合来调节灯光的照度，这说明当时人们已注意到灯光的照度问题了。

长信宫灯的这种“取光藏烟”的技术发明，在世界灯具史上具有重要意义。

国家宝藏

050 诙谐幽默的民间娱乐

击鼓说唱俑

年　代：东汉，公元 25—220 年
尺　寸：高 56 厘米
材　质：陶
出土地：1957 年四川省成都市天回山出土
收藏地：中国国家博物馆

【引言】川渝地区自古以来就依靠着特殊地形自成天地，人们生活轻松而闲适，娱乐方式多样。击鼓说唱俑直接带我们回到了东汉时期的川渝，体验俳优们诙谐幽默的说唱和娱乐。

以说唱俑遥望东汉时期表演艺术形式

中国国家博物馆馆藏的东汉击鼓说唱俑头上戴一个小小的帽子，帽檐呈两个分叉状，高高地向上翘起。他袒胸露乳，两个肩膀高高耸立着，穿着宽松的裤子，光着脚。他左边的手臂环绕着一个扁扁的圆鼓，右手高高举起鼓槌做出想要击打的姿势，大张着嘴，嘴角向两边咧开。陶俑表情很是夸张、动作十分潇洒，活脱脱一个俳优正在卖力表演。

俳优是以乐舞谐戏为业的艺人，这一职业大约产生于春秋战国时期。俳优们或献艺于君主，或服务于军队，更多的是生活在民间。俳优的表演一般来说呈现出搞笑、调侃、嘲讽的特点，他们以此来娱乐观众。在演出的时候，他们往往一边击鼓一边说唱。秦汉时期，很多王公贵族以拥有俳优为荣，俳优也成为一种身份的体现。《史记》载，汉武帝“俳优侏儒之笑，不乏于前”。桓宽在《盐铁

论》中提道："富者……椎牛击鼓，戏倡儛像。"司马迁对俳优的评价很高，在《史记》中专门写了《滑稽列传》。证明秦汉时期蓄养俳优的盛行。中国的川渝地区有许多与东汉击鼓说唱俑类似的击鼓说唱俑出土。这些击鼓说唱俑的出土充分表明当年川渝地区俳优的流行。在保存至今的东汉时期的画像石《乐舞百戏图》中还能够找到一些有着粗短的身材、赤裸着上半身、动作夸张搞笑的俳优。在出土的一些汉代陶楼中，我们也常常能看到其中雕刻有俳优演出的画面。不论是有记载的文献还是出土的文物都表明俳优在秦汉时期的流行。

俳优在汉朝民间很是流行。许多俳优通过走街串巷的表演来获得经济收入。俳优通常是侏儒，他们身材短粗，社会地位不高。俳优为了生存，不得不远离故土，用搞笑的说唱表演去掩盖生活的不易。司马相如就曾经说过："俳优侏儒，倡乐狎玩者也。"短短的一句话充分体现出俳优艺人的卑微地位。同时，俳优的出现也能够体现出汉代社会的安定和谐，人们需要俳优来使他们的生活更加丰富多彩。俳优的表演内容多取自于百姓的日常生活，与百姓的生活相近使得俳优表演更加接地气。

击鼓说唱俑的价值

击鼓说唱俑的造型艺术十分精湛。击鼓说唱俑的出土改变了我们过去认为的陶俑是以兵马俑、随侍俑为主的观念。并且击鼓说唱俑能够很好地反映社会生活，他在丰富陶俑历史的同时，也为我们提供了一个渠道去了解汉代戏曲文化，了解历史上的说唱艺人。在击鼓说唱俑上，我们看到了汉代的"滑稽戏"的形式，更体会到汉代俳优的特殊的艺术形式与现代戏曲的联系，现今很多艺术表现形式都和汉代击鼓说唱俑有着不可分割的联系。

中国传统戏曲在秦汉之前就已经出现，经过秦汉至明清的发展，形成了不同风格、不同种类的戏曲表演艺术。距今已有两千年的汉朝，并没有流传下来太多记录俳优艺术的历史文献，现代对于俳优艺术、汉代民俗的研究主要是通过一些汉代墓穴中的壁画来进行的。例如，在很多汉代墓穴中的画像砖上经常能看到女舞者身边有一位上身赤裸、身材短粗的侏儒在进行夸张、滑稽的演出，让人开怀大笑。这些画面的出现，充分表明徘优在汉代的各种娱乐活动中已经是不可缺少的艺术表演形式了。同时，这件击鼓说唱俑也是研究中国话本小说萌芽的重要资料。在秦汉时期，话本小说还未正式出现，俳优已经成为一种职业，很多故事传说都是通过说唱的形式在民间广为流传，为后来小说创作积累了大量素材。

击鼓说唱俑是一件极具时代特征、饱含民间文化特质的雕塑精品，在他身上蕴含着丰富的时代文化信息，从一个侧面反映了当时社会的思想理念、审美趣味以及风气习俗，为今人深刻认识、了解汉代社会提供了鲜活、生动的宝贵资料，是我们研究、继承、发扬优秀传统文化的重要财富。

击鼓说唱俑面部特写

051

中国古代雕塑的稀世珍宝

铜奔马

年　代：东汉，公元 25—220 年
尺　寸：高 34.5 厘米，长 45 厘米，宽 13 厘米
材　质：青铜
出土地：1969 年甘肃省武威市雷台汉墓出土
收藏地：甘肃省博物馆

【引言】铜奔马是中国旅游局确定的旅游标志。骏马腾飞踏于飞鸟之上的造型，让人们看到了古代匠人巧夺天工的制造工艺，更让人们赞叹于设计者的巧思，奔腾的马匹凌空而起，略过飞驰的鸟背。铜奔马以其特有的造型和神韵，在中国青铜铸造史上留下了浓墨重彩的一笔。

铜奔马的意外发现

在甘肃省中部有一座城市叫作武威，这就是古人笔下“凉州七里十万家，胡人半解弹琵琶”的凉州。早在唐朝前期，凉州是与扬州、益州齐名的大都市，“七里十万家”人口之众，展现出了这座西北重镇的旧日荣光。凉州在边塞，居民中少数民族很多。他们能歌善舞，善弹奏琵琶。“胡人半解弹琵琶”这句诗写出了凉州城的歌舞繁华、和平安定，同时带着浓郁的边地情调。武威市最早得名于汉武帝，“武威”二字是为了显示西汉王朝强大的军事实力。作为西北地区最重要的城市之一，武威历史文化遗迹众多。武威北部有一座5万平方米左右的夯土台，当地人把它叫作雷台。雷台上是一座道教建筑雷祖观，传说是专门用来祭祀雷神的。没有人想到建筑下面还有地下世界，更没有人意料到，在这里将会出土闻名中外的铜奔马。

1969年初秋，一次日常挖掘在无意之间揭开了雷台的神秘面纱。9月22日上午，武威市的一些农民像往常一样来到雷台，挖掘防空洞，他们在这里已经挖了一个多月了。蔡耀就是这群人中的一员，当他挖到9米多深的时候，锄头突然碰到了什么硬物，那是一堵砖墙。怀着好奇心，大家把砖刨掉了，刨出了一个洞口，蔡耀就往里看，发现洞里面有东西。于是村民们把洞口刨大，爬了下去。

借着煤油灯昏暗的灯光，村民们惊诧地看到在砖块铺成的地面上放着一堆奇怪的车、马和小人儿，所有的东西上面都覆盖着一层很厚的绿锈，拿在手里感觉沉甸甸的。因为没有任何考古知识，村民们把发现的车、马等装进随身携带的麻袋里面，运出洞口，放到了村里的库房。当时在武威文化馆工作的党寿山无意中听说了这个消息，便急忙赶到村子里，在村民的帮助下，他进入了雷台的地下。一进洞口，党寿山发现洞里满地都是铺地钱，凭着多年从事文物工作的经验，他马上判断出这是一处规模庞大的古代墓葬。党寿山认为：这处墓葬里面肯定不止有车、马和小人儿，一定还有别的文物。在党寿山的不断要求下，村民把他带到村里的库房。党寿山发现库房里堆积着数量巨大的文物，他立刻对库房里的文物进行了清理、登记，并将它们转移到当地的文庙中进行妥善保管。

1970年，这批文物被送到甘肃省博物馆进行收藏。这时候，还没有人意识到这个意外会给中国考古界乃至整个中国带来怎样的惊喜。经过清理，雷台墓共出土两百余件文物，文物种类众多，包括青铜器、陶器、玉器等。当时这些文物并没有引起多大关注，直到1971年。

1971年9 月，郭沫若陪同外宾访问兰州，在参观博物馆时，他突然被一件文物吸引住了。这件文物的形象是一匹正在奔驰的骏马，四蹄离地，只有右后蹄踏在了一只展翅飞行的鸟背上，飞鸟十分震惊地扭转头。一个不可思议而又无比梦幻的瞬间就此定格。见过无数珍贵文物的郭沫若被深深打动，他惊讶于雕塑无可挑剔的姿态和完美的平衡感。这件文物就是后来轰动海内外的铜奔马。1973年，铜奔马在英法两国展出，吸引了无数人的目光。

铜奔马的修复

铜奔马这一举世闻名的艺术品，在刚刚出土时是残缺不全的，再加上储存、搬运不当等原因，损坏情况十分严重。甘肃省有关部门将其送到了故宫博物院，交由著名青铜器修复专家赵振茂先生修复。当时，马的颈部有很多1平方厘米左右的小洞，马头和马尾巴的几缕鬃毛已经脱落。即使铜奔马残缺不全，赵先生依然感叹于古人的大胆设计和精湛技艺。他在仔细查看铜奔马的残缺、损坏部位后，决心尽最大努力，让这件伤痕累累的文物珍品再现昔日风貌。

在修复过程中，赵先生首先将整件文物清理干净。将马头、马尾脱落的鬃毛清洗到茬口见新，然后用锡焊方法连接焊实。把马颈上的残缺洞孔清理干净后，用铜和锡焊补，把洞孔填好，然后仔细磨平。有的纹饰之间有间断，修复时有些对不上了，他就用刻刀和小錾子修饰一下，使其连接通顺。在修补以后，赵先生又使用传统的做旧方法，做出底子及青铜的锈迹，让整个文物看不出一点儿修复的迹象。最后，赵先生看到腾空的3个马蹄是空心的，认为这可能会使铜奔马在展出时不太美观，他就凭借多年的文物修复经验，把土和一些章丹红用胶调和好后，放入马蹄蹄心填满，使之修复后看上去和铜奔马原来的铸模泥土差不多。

铜奔马的艺术价值

设计并制作一匹马或许不难，但是如何表现一匹日行千里的神马良驹，则不是易事。铜奔马的设计和制作者构思精巧，让马昂首长啸，四足腾空，右后蹄踏上一只飞鸟。马头上的鬃毛雕刻得好像在随风飞舞，不仅将奔马的力量和速度充分展示了出来，而且以鸟的飞翔衬托马的疾驰，飞鸟与奔马的有机结合，成就了一件伟大的艺术品。

更令人惊叹的是这样的构造完全符合力学的平衡原理，马头轻微向左扬起，马的右后足踏飞鸟，整件雕塑虽只有飞鸟着地，却稳稳伫立，轻灵、匀称、协调、统一。奔马仿若御风而行的潇洒姿态，令人叹为观止。难怪郭沫若赞其达到了“形神兼备、气韵生动、形妙而有壮气”的境界。

“马踏飞燕”，一个美丽的错误

铜奔马还有一个流传更广的名称——“马踏飞燕”。可能因为人们对于这件珍宝过于喜欢，而“马踏飞燕”这个名字又是那么生动而富有诗意，谁不希望美丽的作品有个美丽的名字呢？所以“马踏飞燕”不胫而走，迅速传遍了大江南北。

其实，以“马踏飞燕”来命名这件珍宝并不十分准确。因为马踏的并不是燕子，燕子的尾巴是分叉的，而这座青铜器上鸟尾巴并没有分叉。有的学者猜测这只飞鸟是龙雀，也有的学者猜测是鹰隼，还有的学者猜测是金乌，并认为铜马应为天马，整件雕塑的含义为天马伴金乌，体现了汉魏人死后亡灵升天成仙的美好愿望。而对于马的身份和意象，学界也有分歧。关于马和鸟的身份、意象问题，学界一直在讨论，至今仍莫衷一是。探讨仍在继续，而铜奔马穿越千年的时光，无声地讲述着那段辉煌的岁月。